크게 죽어야 크게 산다

사랑하는 마음으로 능히 중생을 즐겁게 하고
측은해하는 마음으로 능히 중생의 괴로움을 뽑으리.

사진 **유동영**

전통문화를 발로 찾아 담았던 계간 〈디새집〉에서 일했다. 《책 한 권으로 모자랄 여자 이야기》를 펴냈으며, 이후 정찬주 작가를 만나 책 사진작업을 시작했다. 그의 《선방 가는 길》을 시작으로 《자기를 속이지 말라》《정찬주의 다인기행》《소설 무소유》 등 여러 권의 책과 인연을 맺었다.

사진 **김윤희**

불교계 신문사 기자를 거쳐 1999년 전문 불교저널 월간 〈맑은 소리 맑은 나라〉를 창간했다. 같은 해에 도서출판 '맑은 소리 맑은 나라'를 설립하여 불법홍포에 앞장서고 있다. 아울러 사진을 통해 우주의 실상을 담아내는 사진 작업에 몰두, 두 차례의 '해설이 있는 사진전'을 열었다.

삽화 **김양수**

동국대학교 한국화과를 졸업하고 중국 중앙미술학원에서 벽화를 공부했으며 국내에서 개인전을 13회 개최했다. 성신여대를 거쳐 현재 동국대 한국화과 겸임교수로 있으며 안성에 위치한 화실 적염산방에서 정진 중이다.

크게 죽어야 크게 산다

지은이 정찬주
1판 1쇄 인쇄 2011. 11. 18
1판 1쇄 발행 2011. 11. 28

발행처_ 김영사 • 발행인_ 박은주 • 등록번호_ 제406-2003-036호 • 등록일자_ 1979. 5. 17 • 경기도 파주시 교하읍 문발리 출판단지 515-1 우편번호 413-756
• 마케팅부 031)955-3100, 편집부 031)955-3250, 팩시밀리 031)955-3111
• 저작권자 ⓒ 정찬주, 2011 이 책의 저작권은 저자에게 있습니다. 저자와 출판사의 허락 없이 내용의 일부를 인용하거나 발췌하는 것을 금합니다.

값은 뒤표지에 있습니다. ISBN 978-89-349-5541-2 03810 • 독자의견 전화_ 031)955-3200 홈페이지_ http://www.gimmyoung.com • 이메일_ bestbook@gimmyoung.com • 좋은 독자가 좋은 책을 만듭니다 • 김영사는 독자 여러분의 의견에 항상 귀 기울이고 있습니다.

영축산 도인 경봉 스님 이야기

크게 죽어야

정찬주의 무심기행

크게 산다

김영사

• 추천의 말 •

행복한 인생이
무엇인지 성찰하기를

　도道를 자재하게 굴리시며 주장자 법문으로 설법도생說法度生 하시던 스님의 생전 모습이 눈에 선하다. 한말韓末에 조선의 선을 중흥시킨 경허 스님 이후 우리 스님만큼 자신의 생생한 목소리로 설법하던 선사도 드물었다고 생각된다. 우리 스님께서는 중국의 공안집이나 선가어록을 답습하지 않고 '여기 극락에는 길이 없는데 어떻게 왔는가' 같은 독창적인 화두를 제시했던바, 스님이 주석했던 삼소굴을 찾아온 수많은 이들에게 인연 따라 마음을 격동시키어 활로活路를 열어주었던 것이다.

　스님의 가풍은 여러 강물이 모여든 바다와 같이 한마디로 정의할 수 없는 것이 특징이기도 하다. 일생 동안 참선과 염불과 기도를 시절인연과 중생의 근기를 보고 드러내셨으니 어찌 보면 통불교通佛教로써 승속을 넘나들며 교화한 원효대사의 후신後身 같은 모습으로 우리 곁에 오신 분이 아니었나 하는 생각도 든다.

운봉 스님의 법제자 향곡 스님은 우리 스님을 가리켜 통도사 스님 중에 자장율사 이래 가장 뛰어난 큰스님이라고 평하며 다니셨다고 한다. 스님의 일지 중에서 1952년 10월 11일자에 스님과 향곡 스님 간에 법랍을 초월하여 치열하게 선문답을 주고받았던 내용이 사실대로 기록되어 있는데, 우리 스님에 대한 향곡 스님의 평은 단순한 수사가 아니라 마음에서 우러난 존경의 염念이었던 것 같다.

통도사가 치르는 연례행사 가운데 가장 큰 행사는 화엄산림법회이다. 이 또한 우리 스님께서 일찍이 일제강점기 때 극락암에서 법회의 종주宗主가 되어 되살렸던 전통이다. 통도사에 드리운 스님의 덕화는 그것만이 아니다. 보광선원과 백련암 선방에 당대의 고승 운봉 스님과 전강 스님 등을 조실로 안접安接케 하여 통도사의 선풍을 드높였고, 비록 6·25 전쟁으로 좌초하고 말았지만 총림을 개설하기 위해 한암 스님을 방장으로 추대하고자 사람과 서신을 보내는 등 노심초사하시며 영축총림의 초석을 놓았던 것이다.

오직 도를 위해 사신 스님의 선화禪話는 참으로 많다. 이 책은 정찬주 작가가 스님께서 주석했던 절이나 암자, 선방을 찾아다니며 스님의 발자취를 살펴보고 스님의 행적을 방편 삼아 명상하고 사색한 구도求道의 산문집이라고 여겨진다. 이 책의 뒷부분에 나오는, 세상에서 버림받은 이들을 스님께서 기꺼이 받아들여 제도하는 선화들은 스님의 자비로운 진면목을 알게 하는 소중한 자료임이 분명하고, 누구에게나 감동의 여운이 오래갈 것이라고 믿어진다. 우리 문도들도 알지 못하는 선화들을 발굴 취재한 작가의 노고에 감사를 드린다.

독자 여러분에게 이 책을 추천하는 까닭은 우리 스님이 왜 아직까지도 선가禪家에서 우리 시대의 도인道人이라고 칭송받는지, 어떻게 사는 것이 사바세계를 무대 삼아 주인공으로 한바탕 행복하게 사는 인생인지를 다시 한 번 성찰하는 계기가 될 것이라고 믿기 때문이다.

특히 정찬주 작가는 몇 년 전에 스님의 일대기 《야반삼경에 촛불 춤을 추어라》를 발표한 적이 있고, 30여 년 동안 성철 스님은 물론 법정 스님의 일대기 같은 고승을 소재로 한 장편소설들과 불가의 고전이 된 암자기행 산문집을 지속적으로 발표해온 우리 불교계의 소중한 자산이기도 한 것이다.

세속이 손짓하는 화려하고 편안한 것들과 타협하지 않고 산중의 구도자처럼 오직 부처님의 법향法香을 세상 사람들에게 전하고자 외로운 길을 묵묵히 걸어온 작가에게 진심으로 격려를 보낸다.

통도사 주지 원산 합장

• 작가의 말 •

우리 시대의
　　진정한 도인, 경봉 스님 이야기

금목서 꽃이 올해는 늦다. 작년에는 추석 무렵에 피어나 온 마당에 향기가 가득했는데, 양력과 음력이 비슷하게 흘러가는 올해는 논밭의 가을걷이나 가을꽃들의 개화가 늦어지고 있다. 며칠 전에 본 경봉 스님이 주석했던 통도사 극락암 삼소굴 마당의 산수유나무 열매도 아직 파랬다. 큰절의 금강계단 뒤 산자락에 자생하는 차나무들도 겨우 꽃망울만 보일 듯 말 듯했다. 작년 같으면 벌써 차나무 꽃이 활짝 만개하여 진한 향기가 부처님 사리가 봉안된 금강계단 사리탑을 적시고 있을 터였다.

통도사에 가서 차꽃 향기를 맡지는 못했지만 대신 경봉 스님께서 통도사에 남기신 덕화의 향기는 맡고 온 것도 같다. 꽃이 아무리 향기롭다 해도 고승의 인품에서 풍기는 덕화의 향기만큼 우리 내면과 소통하는 감응이 있을까 싶다. 덕화의 향기는 누구에게나 오래도록

시공을 초월하여 영혼의 양식이 되기 때문이다. 경봉 스님이 입적하신 지 30주년을 바라보고 있지만 고족高足의 제자들은 스님이 아직도 옆에 계신 것 같다고 말씀하신다. 세속의 고명한 인물들이 우리들의 기억 속에서 금세 사라지는 현상과는 차원이 다르다.

현재 영축총림 방장인 원명 스님은 극락암 원주를 보며 고생할 때 은사인 경봉 스님에게 들었던 "니 알고 내 알고 삼세제불이 알면 됐지 딴 사람이 알아준들 뭐할 것이냐"를 당신이 들은 법문 중에 최고의 말씀으로 꼽았고, 극락암 선원장 명정 스님은 서랍에서 경봉 스님의 유묵을 꺼내 보이면서 지금도 스님이 "니는 전생에 많이 닦았으니까 이승에서는 조금만 더 닦으면 되겠다"고 하신 말씀이 들리는 것 같다고 술회하고, 통도사 주지인 원산 스님은 "남의 집에서 하룻밤을 자더라도 주인을 찾는데 평생 이 몸을 끌고 다니는 주인을 찾지 않으면 되겠는가"라고 경책하신 말씀이 잊히지 않는다며 회고하고 있는 것이다.

몇 년 전에 경봉 스님의 일대기를 그린 장편소설 《야반삼경에 촛불 춤을 추어라》를 발표한 적이 있어서인지 이번 산문집 《크게 죽어야 크게 산다》는 별 어려움 없이 행복하게 끝낸 것 같다. 그러고 보니 경봉 스님이 수행했던 도량을 다시 한 번 순례하는 정복淨福도 누렸다.

이번 산문집은 2부로 구성되어 있다. 제1부는 경봉 스님이 수행했던 절이나 암자, 선방을 찾아가 나름대로 내 삶을 되돌아보며 사색한 글이고, 제2부에는 내가 좋아하는 경봉 스님의 어록과 내가 작성한 스님의 행장을 실었다. 제1부가 경봉 스님의 수행처를 따라가는 내 구도의 여정이라면 제2부는 경봉 스님의 법문집과 일지를 틈틈이 사숙하는 동안 내 내면의 녹을 닦아준 스님의 가르침과 행적들이다.

스님은 진리법문을 한 번 듣거나 보면 여래장如來藏, 즉 무의식보다 더 깊은 무아無我의 창고에 저장되어 언젠가 깨달음의 꽃이 된다고 했다. 독자들도 스님의 가르침을 방편 삼아 깨달음의 인연을 맺었으면 좋겠다. 한편 내가 스님을 크게 흠모하는 이유 중 하나는 상상을 뛰어넘는 스님만의 자비로운 깊이 때문이다.

1960년대 초 스님은 오갈 데 없는 떠돌이 환자들이 극락암에 찾아오면 그들의 피고름을 닦아주며 새 법복을 입히고 불법을 가르쳐 제자로 맞아들였던 것이다. 이와 같은 스님을 어찌 지장보살의 화신化身이라고 부르지 않을 수 있겠는가. 승속을 막론하고 누구라도 극락암을 찾아오면 "여기 극락에는 길이 없는데 어떻게 왔는가" 하고 물으며 근기에 따라 대기설법對機說法을 하시고 맑은 차 한 잔을 주셨던 것이다.

또 하나 더 스님의 특징이라면 현대고승들이 대부분 중국의 선사, 조사들의 선어록을 참고해서 고준한 법문을 한 데 반해 경봉 스님은 일상 속에서 쉬운 용어나 즉흥의 시詩로 생활법문 내지는 선문답을 했다는 점이다. 예를 들자면 어떤 젊은 스님이 극락암 가는 산길에 앉아 있는 경봉 스님에게 "오는 중입니까, 가는 중입니까" 하고 묻자 "나는 쉬고 있는 중이라네"라고 선문답한 것이 그 한 예이다.

이와 같은 선화禪話는 이 책 속에 많이 등장하므로 더 이상은 생략하지만 풍류를 즐겼던 한국인의 정체성이랄까, 그런 맥락 속에서 진정 우리 시대의 도인道人이었다고 해도 지나친 평가는 아니라고 믿는다. 나는 극락암에 갈 때마다 경봉 스님의 가사장삼 같은 삼소굴에서 자곤 했지만 독자들도 극락암이나 그 밖에 경봉 스님이 수행했던 곳을 순례하면서 한 번뿐인 자기 인생의 주인공이 누구인지 사무치게 찾아보고, 서 있는 그 자리에서 바로 용기와 희망을 갖기를 바라는 마음으로 이 책을 집필했다는 것을 밝힌다.

끝으로 이 책을 읽는 사람마다 경봉 스님의 덕화가 전해져 더불어 자비로운 마음이 넘치기를 바란다. 집필하는 동안 마음으로 성원해주신 명정 스님, 책을 공들여 만들어준 김영사 박은주 사장님과 편집부 여러분께 감사를 드리고, 특히 사진을 제공해준 김윤희 님과 유동영 님, 삽화를 그려준 김양수 화백에게도 이 지면을 빌려 고마움을 표하고 싶다.

2011년 가을 남도산중 이불재에서
벽록 정찬주 합장

• 차례 •

추천의 말 7

작가의 말 10

제1부 경봉 스님 덕화가 드리운 절 기행

통도사 금강계단이 '돌종 소리를 가져오라' 하네

비바람으로 꽃이 피고, 비바람으로 꽃이 지는구나 21

화두란 대문을 두드리는 기와 조각이다 27

안양암 소쩍새가 피 토하듯 절절하게 살라 하네 43

직지사 천불선원 햇살이 찔레꽃으로 피어 있구나

전생의 일이란 지금 받고 있는 그것이다 49

발심의 잉걸불로 망상이란 파리를 쫓아라 56

알아도 모른 체하는 바보가 참사람이 된다 64

천성산 내원사에서는 한 모금의 물도 가볍지 않네

불법은 모든 존재와 더불어 행복해지려는 것 73

원래는 나도 없는데 어찌 내 것 네 것이 있으랴 80

누가 예나 지금이나 변치 않은 불법을 아는가 86

극락암 삼소굴은 경봉 스님의 가사장삼이다

물은 어려운 굽이를 만날수록 더욱 힘을 낸다 95

이 마음을 못 보면 한갓 꿈속의 잠이로구나 100

선禪은 차茶 먹은 양만큼 된다 108

무봉사 아래 밀양강이 더 푸르고 그윽한 까닭은?

너 알고 내 알면 됐지 딴 사람이 알아준들 뭐할 것이냐 117

작은 불공, 큰 불공을 넘어 참 불공을 하라 126

도를 이루면 마음부처가 방광하여 빛을 뿌린다 129

운문사 사리암에 올라 삿됨을 떠나 참됨을 이루네
나반존자는 말세 중생에게 복을 주는 복전福田 143
삿됨이 사라져버린 마음자리가 바로 신통 149

영축산 백련암으로 아미타불을 만나러 가리
측은한 마음으로 중생의 피고름을 닦아주리라 159
아미타불을 외는 미친 여인을 출가시키다 166
생각이 없는 곳에 이르러 아미타불을 만나리 173

극락암에는 대문이 없는데 빗장은 있구나
도인은 가는 곳을 알고, 중생은 죽는 날을 모른다 181
열반 직전에 지장기도를 시켜 여신도를 구원하다 190
야반삼경에 대문 빗장을 만져보거라 197

제2부 눈과 귀를 맑히는 경봉 스님 말씀

지은 업은 받아야만 녹는다 207

여기 극락에는 길이 없는데 어떻게 왔는가 225

차 달이고 향 사르는 곳에 옛길이 통했네 241

경봉 스님 행장 247

통도사 금강계단 • 돌종은 소리가 없다. 없는 것이 아니라 들을 귀가 없어 못 듣는다.
그대여, "돌종 소리를 가져오라."

경봉 스님 덕화가 드리운 절 기행

제 1 부

봄비에 젖은 가람의 지붕들은 더 낮아 보이고, 솔잎은 더 푸르고, 개울의 반석들은 더 정갈하다. 종가니 대찰이니 하는 작위作爲가 사라진 무위無爲의 고결한 본래 풍경이다. 그러나 빛과 그림자처럼 작위가 없다면 무위도 존재하지 못할 터. 사람들이 작위의 다리를 놓지 않았다면 어떻게 저 무위의 공간으로 건너갈 수 있겠는가!

통도사 금강계단이
'돌종 소리를 가져오라' 하네

비바람으로 꽃이 피고, 비바람으로 꽃이 지는구나

통도사 산문을 들어서자마자 산길에 자못 굵은 봄비가 떨어지고 있다. 솔숲을 때리는 빗소리가 촉촉하게 내 영혼에도 전해진다. 봄비 소리는 마치 하늘과 땅이 주고받는 밀어密語 같다. 하늘에서 내린 비와 땅 위에 솟은 나무들이 은밀하게 속삭이고 있음이다.

이 세상에서 귀에 거슬리지 않는, 아무리 들어도 싫증이 나지 않는 단 하나의 소리가 있다면 아마도 그것은 봄날의 봄비 소리이거나 가을날의 낙엽 구르는 소리가 아닐까 싶다. 봄비가 장조의 달콤한 화음으로 우리들의 가난한 영혼을 적신다면, 가을날 산길을 구르는 낙엽은 단조의 고독한 선율로 우리들의 실존에 맑은 그림자를 드리우는 자연의 소리인 것이다.

밀어란 원래 선가禪家에서 스승과 제자 간에 비밀스럽게 오고 가

통도사 개울 • 봄비 내려 개울물은 생기를 얻었으나 개울가의 봄꽃은 하염없이 낙화하여 흐르고 있다.

는 법어를 뜻했으나 요즘엔 연인끼리 속삭이는 사랑의 말을 일컫는다. '현관'도 선가에서는 '문門이 없는 문門'의 심오한 관문인데 우리는 식구들이 흩어지고 모이는 거실의 출입문을 '현관'이라고 부르고 있다. '모호'도 마찬가지다. 불경에서는 소수점 아래 열한 번째를 가리키는 말인데, 우리는 잘 분간할 수 없다는 뜻의 '애매모호하다'라는 낱말로 사용하고 있는 것이다.

평일에다 비까지 오니 경내는 썰물이 빠져나간 바다처럼 고요하다. 산사山寺는 산문 기둥에서 보았던 불지종가佛之宗家 국지대찰國之大刹이란 거창한 이름을 지우고, 비로소 그윽하고 소쇄한 제 얼굴을 드러낸 듯하다. 봄비에 젖은 가람의 지붕들은 더 낮아 보이고, 솔잎은 더 푸르고, 개울의 반석들은 더 정갈하다. 종가니 대찰이니 하는 작위作爲가 사라진 무위無爲의 고결한 본래 풍경이다. 그러나 빛과 그림자처럼 작위가 없다면 무위도 존재하지 못할 터. 사람들이 작위의 다리를 놓지 않았다면 어떻게 저 무위의 공간으로 건너갈 수 있겠는가!

사람들의 발길이 뚝 끊긴 경내를 나는 유영하듯 아무 장애 없이 느리게 걷고 있다. 이따금 바람이 불어 바짓가랑이를 젖게 하지만 나의 산책을 방해할 정도는 아니다. 봄비로 인해 계곡의 개울물은 생기를 얻었으나 비를 맞는 개울가의 봄꽃은 하염없이 낙화하여 점점이 떠 흐르고 있다. 일찍이 생멸生滅의 무상함을 통찰한 경봉 스님의 말씀이 문득 가슴을 파고든다.

　소금이 바닷물에서 나지만 물에 들어가면 녹으며,
　봄이 오면 비바람으로 꽃을 피우지만 또 그 비바람으로 꽃이 지고,
　여인의 몸에서 사람이 태어나지만 여인에 의해 스러진다.

　나는 경봉 스님이 속가고향인 밀양에서 걸어와 한때 머물렀던 안양암으로 바로 가지 않고 부처님의 진신사리가 봉안된 금강계단으로 간다. 통도사를 창건한 자장율사가 중국의 오대산에서 문수보살을 친견하고 부처님의 진신사리를 구해 온 얘기는 《삼국유사》에 나온다. 나는 그 사실이 궁금하여 얼마 전에 중국 오대산으로 가 참배한 일이 있고, 그때 쓴 순례기를 어느 신문에 연재한 일이 있는데, 그 글의 일부만 여기에 옮겨본다.

「차창으로 산처녀의 영혼 같은 감자꽃이 희끗희끗 스친다. 끝도 없이 펼쳐지는 오대산 감자꽃은 문득 나를 천년 전으로 돌려놓는다. 신라시대의 자장율사도, 혜초 스님도 도의국사도 이 산길을 걸으며 저 감자꽃 향기를 맡았으리라. 낯선 산촌에 들러 탁발한 감자 몇 개로 허기를 달래며 걸어갔으리라. 깊은 산록으로 들어서자 날은 금세 어두워져버린다. 비구름까지 가세해 순례일행을 태운 버스는 완만

하게 속도를 줄인다. 서행하던 버스가 마지막 고갯길을 앞두고는 급정거까지 한다. 방목하는 소 한 마리가 산길을 막고 있다. 그러나 나는 비구름 속에서 등장한 소의 출현을 상서로운 징조로 받아들인다. 십우도十牛圖에서 소는 진리의 상징이 아니던가. 우리 일행이 오대산에 온 것도 사실은 십우도의 한 과정이 아닐 것인가.

다음날, 순례일행은 극적인 반전을 맞이한다. 비구름은 사라지고 오대산 허공이 쪽빛으로 푸르다. 일광여래日光如來가 지혜의 빛살을 선사하고 있다. 스님에게 다가가 "어젯밤에는 오대五臺를 보지 못할 것 같았는데 날이 좋습니다" 하고 아침인사를 건네자, 스님이 "문수의 친구들이 왔으니 좋아야지요"라고 덕담을 하신다.

하얀 미니버스로 갈아탄 순례일행이 먼저 참배할 곳은 중대 취암봉翠巖峰(해발 2,894미터)이다. 오대로 오르는 산길을 멀리서 보니 마치 하늘거리는 비천의 옷자락 같다. 오대산은 중국 4대 불교명산 중 하나이다. 산서성 오대현 동북쪽에 위치하며 다섯 봉우리 높이가 해발 2천여 미터에서 3천여 미터에 이르는데, 놀랍게도 정상은 축구장 몇 개의 크기로 편편하게 대臺를 이루고 있다.

오대산 문수신앙은 《화엄경》을 근거로 전개되었다는 것이 학계의 정설이다. 《화엄경》 '보살주처품'에 "동북방의 보살주처에 청량산이 있는바 그곳에 문수사리보살이 있어 1만 권속을 거느리고 항상 설법을 하고 있다"고 나와 있는 것이다. 이와 같은 문수신앙은 우리나라 오대산도 마찬가지다.

고지로 오를수록 키 작은 야생화가 지천으로 피어 있다. 야생화 전문가인 파은 거사님이 꽃 이름을 하나하나 설명해준다. 꿩의다리, 물사리, 구름국화, 나도개미자리꽃, 골무꽃, 분홍바늘꽃, 양귀비 등등의 꽃들이 화장세계華藏世界를 이루어 눈을 맑히고 마음까지 씻겨준다.

중대에 자리한 절 이름은 연교사演敎寺. 순례일행은 연교사 법당으로 바로 들어가 유동문수孺童文殊를 참배하고 뒷문으로 나서 바로 태화지太和池가 있는 곳으로 이동한다. 최근에 연교사 대중이 정자 하나와 태화지를 복원했다고 하는데, 어떤 근거로 불사했는지는 솔직히 잘 모르겠다. 다만 내가 태화지에 눈이 가는 이유는 이곳에서 자장율사가 문수보살을 친견했다는 기록 때문이다. 《삼국유사》에 다음과 같은 글이 있는 것이다.

'법사가 중국 오대산 문수보살의 진신을 보려고 신라 선덕여왕 때인 당나라 태종 정관 10년(636)에 입당을 했다. 처음에 중국 태화지 못가의 석상 문수보살이 있는 곳에 이르러 경건하게 7일 동안 기도했더니 문득 꿈에 부처가 네 구절의 게송을 주었다. 법사는 꿈에서 깨어나 그 게송을 기억하였으나 모두 범어이므로 그 뜻은 알 수 없었다. 다음날 문득 한 노승(문수보살의 화현)이 나타나 붉은 깁에 금점金點이 있는 가사 한 벌과 부처의 바리때 하나와 부처의 정골

사리 한 조각을 가지고 와 법사에게 주었다.(하략)'

 이후 자장율사는 이곳 태화지에서 1주일을 더 머물며 재를 지냈다고 하는 기록이 《삼국유사》에 보이는 바, 당연히 호기심을 갖지 않을 수 없었던 것이다. 순례일행은 누가 먼저라고 할 것 없이 중대의 창공을 우러른다. 서대와 북대의 허공 가운데에 해와 낮달이 함께 떠 있다. 희유한 일이다. 승속을 불문하고 모두가 신심을 내어 합장한다. 나 역시 문수보살과 보현보살을 함께 친견하는 것 같은 정복淨福을 누린다.」

화두란 대문을 두드리는 기와 조각이다

 금강계단에도 사람은커녕 그림자도 보이지 않는다. 마지를 올리고 나온 사미승이 적멸보궁의 처마 밑에서 비를 피하고 있을 뿐이다. 금강계단의 사리탑은 석종石鐘 모양이다. 석종도 비를 맞아 촉촉이 젖어 있고, 무릎 꿇고 참배하는 나도 비에 젖는다. 선승이 화두와 한 몸이 되듯 나도 석종과 한 덩어리가 된 느낌이다. 그런데 나는 아직도 석종에서 울리는 종소리를 듣지 못하고 있다. 석종 속의 부처에게 무심無心, 즉 '마음 안의 마음'이 가닿지 못하고 있기 때문이다.

 오래전의 일이다. 경봉 스님은 통도사를 찾아 금강계단 앞에 선

한국대학생불교수련대회 학생들에게 '돌종 소리를 가져오라'는 화두를 던진 적이 있다.

"범종각의 큰 종소리는 온 산골짜기를 울리지만 이 돌종은 소리가 없다. 아니 없는 것이 아니라 수련생 여러분들이 들을 귀가 없어 못 듣고 있다. 그러니 수련 기간 동안 참선도 열심히 하고 수련도 잘 해서 저 돌종 소리를 나에게 가져오기 바란다. 돌아갈 때 돌종 소리가 어떻다고 일러주고 가야 여기에 수련 왔던 보람을 느낄 수 있는 것이다.

사과나 배를 한 개 다 먹어야 그 맛을 알 수 있는 것이 아니고 콩 알만큼만 떼어 먹어도 그 맛을 알 수 있듯이 법문을 많이 들어야 이익이 되는 것이 아니라 한마디를 잘 들어 알면 된다. 그물이 천 코만 코가 있더라도 고기가 걸리는 것은 한 코에 걸리며 경론經論이 많이 있지만 깊이 깨달을 수 있는 곳은 한 구절이다.

누구나 자기의 몸을 자기라고 착각하고 애지중지하는데 엄격히 따져보면 부모의 물건이지 자기의 물건이 아니다. 자기의 물건이 아니기 때문에 결국에는 버리고 가는 것이다. 여러분들은 이 몸을 끌고 다니는 주인공을 알아야 한다. 진아眞我를 찾아야 한다."

어디서 나타났는지 참배객들이 삼삼오오 우르르 금강계단으로 몰려오고 있다. 모두가 경기도 말씨를 사용하고 있는 것으로 보아 단체로 순례를 온 듯하다. 어느새 적멸보궁 너머의 하늘 한편이 쪽

부처님 진신사리탑 • 석종 속에 진신사리가 있듯 내 안에는 마음부처 心佛가 있다.

빛으로 트이고 비구름이 영축산 산자락으로 물러가고 있다. 날씨도 제행무상諸行無常이다. 금싸라기 같은 햇살 한 줌이 대웅전 지붕 토기와에 떨어지는 순간이다. 나는 참배객들에게 쫓기듯 물러나 안양암으로 가는 다리를 건너면서 경봉 스님의 말씀을 나직이 중얼거려본다.

'돌종 소리를 가져오라.'

오늘은 금강계단이 내게 '돌종 소리를 가져오라'고 하는 것 같다. 내 안의 무심無心을 보여달라는 말처럼 다가온다. 석종 속에 부처님의 진신사리가 있듯 내 안에도 마음부처心佛가 있는 것이다. '돌종 소리를 가져오라'는 경봉 스님이 제시한 활구인데, 스님의 생활법문이나 화두는 우리나라 다른 고승들과 달리 중국의 선어록에서 빌려오지 않고 당신께서 독창적으로 창안한 것이 많다. '야반삼경에 촛불 춤을 보아라' '야반삼경에 대문 빗장을 만져보거라' '여기 극락에는 길이 없는데 어떻게 왔는가' 등이 그것이다.

그렇다면 스님이 제시한 화두에 모범답안이 있는 것일까. '돌종 소리를 가져오라'는데 답은 무엇일까. 스님이 원한 답은 무엇일까. 아니면 답을 찾는 일은 무의미한 것일까. 이 질문에 대한 내 생각을 접어두고 넘어갈 수는 없을 것 같다. 도대체 화두란 무엇일까.

선가禪家의 용어인 화두話頭가 이제는 산중 선방에서 저잣거리로 내려와 보통명사로 활용되고 있는 느낌이다. 화두를 들고 공부하는 참선參禪이 출가 수행자들의 울타리를 넘어 도회지에 사는 가정주부나 직장인들은 물론 목사와 신부들에게도 관심과 호기심을 불러일으키고 있는 것이다. 도심 속의 빌딩에 시민선방이나 명상센터 등이 빠르게 자리 잡고 있는 현실이 그 증거다.

화두에 대한 보통 사람들의 접근법이 다분히 실용적이어서 깨달음에 이르고자 하는 수행자들의 참선수행과는 본질적으로 차이가 나지만 그래도 참선이 현대인의 병든 영혼과 불안한 삶을 치유하는 데 좋은 대안이 되고 있음은 환영할 만한 일이다. 화두를 들고 고요히 자기를 관조하는 순간만은 시비와 갈등으로 '파도치는 나'에서 거울처럼 잔잔한 '본래의 나'로 돌아올 수 있어서다. 선 수행자들은 그러한 상태의 마음을 무심이라 하는데, 무엇에도 휘둘리지 않는 '본래의 나'라 해도 무방할 터이다.

공안公案 혹은 고칙古則이라고 불리기도 하는 화두는 글자 그대로 풀이하자면 두頭는 접미사로 아무 뜻이 없으므로 '선사들이 쓰는 특별한 말話'을 가리킨다고 할 수 있다. 물론 화두를 생각과 말길이 끊어진 '일상적인 말을 초월하는 격외格外의 말'인 말머리로 풀이할 수도 있다.

'불전佛前 삼천배'로 유명한 성철 스님은 해인사 법당에서 법문하던 중에 화두를 암호에 비유하기도 했다.

"예전 종문宗門의 스님들은 화두를 암호밀령暗號密令이라 했습니다. 암호는 말하는 것과 그 속뜻이 전혀 다릅니다. 암호로 하늘 천天 할 때 그냥 하늘인 줄 알았다가는 영원히 모르고 마는 것과 마찬가지로 공안은 모두 다 암호밀령입니다. 깨쳐야만 알 수 있는 것이지 그전에는 모릅니다."

그러니 사유와 분별을 거부하는 화두를 놓고 그 속뜻을 풀이한다는 것은 무모하고 불가능한 일이다. 화두의 생명은 체험하는 데 있을 뿐이므로 설명하면 말하는 사람이나 듣는 사람이나 화두의 생생한 역동성을 잃어버리기 때문이다. 성철 스님이 일본 어느 대학교에서 30여 년 동안 연구하여 간행한 《선학대사전禪學大辭典》을 보고 독설을 퍼부은 것도 그런 우려에서였다.

"일본에 불교가 전래된 이후 가장 나쁜 책이 무엇이냐 하면 《선학대사전》입니다. 화두를 해설하는 법이 어디 있습니까."

두말할 것도 없이 화두를 드는 데 생각으로 헤아리는 알음알이知解를 경계하라는 당부가 아닐 수 없다. 그렇다고 화두가 탄생한 역사적 배경이나 그 경위까지 부정한 말씀은 아닐 터이다. 멀리 갈 것도 없이 인천 용화사에 계셨던 전강 스님이나 해인사 원당암에 계셨던 혜암 스님과 지족암에 계셨던 일타 스님 등 깨달음을 이룬 우리나라 현대고승들의 법어집이나 어록을 보면 자주 조사들의 공안을 예로 들고 있는 것이다.

선가에는 1,700여 가지의 공안이 있는데, 그 공안을 모아 소개하고 있는 대표적인 중국 선어록으로 무문無門 혜개慧開선사의 《무문관無門關》과 원오 극근克勤선사의 《벽암록碧巖錄》 등이 있다. 그렇다고 공안이 1,700여 개뿐이라는 말은 아니다. 우리나라 고승들도 화두를 남기고 있으니 많은 사람들의 마음을 격동케 한 성철 스님의 '불전 삼천배'나 혜암 스님의 '공부하다 죽어라' 등이 바로 그 좋은 예이다.

가장 많은 공안을 남긴 고승이 있다면 바로 중국의 조주선사이리라. 화두 중에 화두라고 불리는 무無자 화두도 조주선사와 한 학인의 문답에서 유래하고 있다. 《무문관》의 제1칙이기도 한데, 무자 화두가 탄생한 배경은 이렇다.

어느 때 한 스님이 조주선사에게 물었다.
"개에게도 불성이 있습니까, 없습니까."
이에 조주선사가 대답했다.
"없다無."
그 스님이 다시 물었다.
"일체 중생이 모두 불성이 있다고 했는데, 어째서 개에게 불성이 없다고 합니까."
"그대에게 분별망상業識性이 있기 때문이다."

마지 들고 가는 스님 • "그대는 죽을 먹었는가. 아직 안 먹었는가."
"먹었습니다."
"그렇다면 바리때를 씻게나."

그대는 아직 깨치지 못하여 분별하는 마음을 내고 있으니 "없다"고 대답했다는 것이 조주 무자 화두가 탄생한 배경이다.

《무문관》의 제7칙은 조주세발趙州洗鉢이란 화두를 소개하고 있다. 조주에게 어느 학인이 물었다.

"총림에 공부하러 왔습니다. 잘 지도해주십시오."

이에 조주선사가 도리어 물었다.

"그대는 죽을 먹었는가, 아직 안 먹었는가."

"먹었습니다."

"그렇다면 바리때를 씻게나."

조주선사는 평상의 마음이 바로 도道라는 사실을 그렇게 말했다. 무자 화두 못지않게 많이 회자되는 조주선사가 남긴 화두는 《무문관》 제37칙에 나오는 '뜰 앞의 잣나무庭前柏樹子'이다. 조주선사가 입적 때까지 40년간 주석한 관음원觀音院(지금의 柏林禪寺)을 찾아가보니 실제로는 잣나무가 아니라 중국인들이 좋아하는 측백나무였으나 일상을 초월하는 화두의 세계에서는 번역이 잘못되었다고 해도 별 의미가 없다고 본다.

한 스님이 조주선사에게 물었다.

"조사가 서쪽에서 오신 뜻이 무엇입니까祖師西來意."

"뜰 앞의 잣나무이니라."

전국의 어느 선원이나 동안거와 하안거가 있다. 철이 되면 결제에 들어간다. 안거 3개월 동안은 용맹정진은 물론이고 처절하게 침묵의 정진을 해야 한다. 이 같은 상황에서 판치생모板齒生毛라는 화두가 생겨난 것이다. 《조주어록》 중권에 다음과 같은 공안이 나온다.

어느 스님이 물었다.
"어떤 것이 조사가 서쪽에서 오신 뜻입니까."
이에 조주선사가 말했다.
"앞니에 곰팡이가 났다板齒生毛."

판치板齒는 판자처럼 넓은 이, 즉 앞니를 가리킨다. 달마대사를 '앞니 없는 노인板齒老漢'이라고 불렀다. 이교도의 박해를 받아 앞니가 부러졌던 것이다. 그래서 달마대사를 '결치도사缺齒道師'라고도 부른다. 조주선사는 달마대사가 조그만 동굴에서 9년 동안 면벽 수행을 했기 때문에 앞니에 곰팡이가 났다고 대답했던 것이다.
10여 년 전에 입적한 해인사 일타 스님의 회고다.
"전강 스님께서는 후학들에게 판치생모 화두만 들게 하고 있습니다. 화두를 타파하는 데 판치생모가 지름길입니까."
"지름길이 따로 없어. 다만 나 같은 성정의 사람이 의심을 단박에 짓는 데는 판치생모가 더 도움이 된다고 확신하고 있다네."

통도사 보광선원 • "조사가 서쪽에서 오신 뜻이 무엇입니까."
"뜰 앞의 잣나무이니라."

실제로 전강 스님은 직지사 천불선원, 예산 보덕사, 정혜사 등에서 참선정진을 멈추지 않고 밀고 나가다가 23세 때 곡성 태안사 누각에서 처음으로 견성하였으나 만공을 만나 미진한 데가 있었으므로 재발심을 하게 된바, 판치생모 화두를 붙들고 반 철 만에 확철대오廓徹大悟했던 것이다. 그때 전강이 떠나려 하니 만공이 물었다.

"부처님은 계명성鷄鳴聲을 보고 오도하였다는데, 저 하늘의 가득한 별들 중에서 어느 것이 자네의 별인가."

전강은 대답을 않고 엎드려 땅을 더듬는 시늉을 했다. 그러자 만공이 얼굴 가득 미소를 머금고 말했다.

"옳거니, 옳거니 善哉 善哉."

만공은 전강을 칭찬하며 즉시 전법게를 내렸다.

불조가 일찍이 전하지 못하였는데
나도 또한 얻은 바 없네
이날에 가을빛 저물었는데
원숭이 휘파람은 뒷봉우리에 있구나.
佛祖未曾傳 我亦無所得
此日秋色暮 遠嘯在後峰

이처럼 25세에 오도를 한 전강은 33세에 경봉 스님과 통도사 대중의 요청으로 통도사 선방인 보광선원의 조실이 되었고, 그때부터 누구에게나 판치생모 화두를 즐겨 주었던 것이다.

　화두를 들고 '무엇인가' 하고 의심하는 목적은 내가 부처라는 사실을 깨닫기 위해서다. 본래 나의 공한 성품을 보아 나와 우주가 한 뿌리라는 것을 깨닫는 것이다. 그래서 견성見性을 한다고 표현하는 것이다. 화두가 잘 안 들리면 바꿀 수도 있고, 가능하면 선지식을 찾아가 가르침을 받아 드는 것이 좋다고 한다. 화두가 들릴 때 어디까지 참구하는 것이 좋을까. 고승들의 말을 참고해보면 이렇다.

　화두를 들고 의심덩어리와 씨름하다 보면 첫 번째로 동정일여動靜一如의 단계를 체험하게 된다. 일상생활에서 가고 오거나, 가만히 있을 때나 말을 하는 동안에도 화두가 들려 있는 경지를 말한다. 두 번째는 몽중일여夢中一如가 있는데, 이는 꿈속에서도 화두가 달아나지 않고 들려 있는 상태를 말한다. 마지막으로 잠이 깊이 들었을 때도 화두로 깨어 있는 경지가 되어야 하는데, 이 상태가 바로 숙면일여熟眠一如다. 이 숙면일여에서 한 걸음 더 나아가면 홀연히 화두가 타파되는 동시에 문득 자기의 본래면목을 깨닫게 된다고 한다.

　일찍이 원오 극근선사는 화두를 가리켜 '대문을 두드리는 기와 조각敲門瓦子'이라고 말한 적이 있다. 분명하고 틀림없는 말씀이다. 화두란 '본래의 나'가 누구인지 내 집으로 들어가게 하는 암호가 내장된 열쇠인 것이다.

안양암 전경 • 종일토록 남의 보배를 세어도 반 푼어치의 이익이 없다.

안양암 소쩍새가 피 토하듯 절절하게 살라 하네

통도사 8경 가운데 하나인 안양동대安養東臺, 안양암은 그곳에 자리 잡고 있다. 실제로 안양암에 오르면 통도사 가람들의 장엄한 풍광이 한눈에 들어와 마치 절벽 위의 누각에 선 것처럼 상쾌함이 드는 곳이다. 그러나 법을 구하고자 몸을 던진 수행자들에게 풍광을 얘기하는 것은 염치없는 짓이다. 아무리 아름다운 꽃이라도 수행에 장애가 된다면, 그것에 집착하게 된다면 미련 없이 베어버리는 것이 수행자의 법도다.

지금으로부터 1백여 년 전, 밀양에서 한학漢學을 공부하던 16세의 한 소년도 어머니의 죽음에서 연유한 상실감을 견디지 못하고 '생사를 초월하는 법'을 알고자 안양암을 찾아왔던 것이다. 6월 초 세상은 푸르렀지만 소년의 마음은 늦가을의 텅 빈 산 같았다.

소년 김용국金鏞國은 장맛비를 맞으며 걸었던 탓에 행색은 후줄근했다. 누님이 불공드리러 다니던 통도사를 찾아왔지만 누구 한 사람 반겨주는 사람이 없었다. 다만 안양암 암주 성해聖海 스님만이 소년을 맞아주었다. 가출한 아들이 돌아온 양 전봇대처럼 멀쑥한 소년의 새카만 손을 잡아끌며 안양암으로 데리고 올라갔다.

성해 스님의 안목은 맞아떨어졌다. 소년은 훗날 고승이 될 그릇이었던 것이다. 성해 스님으로부터 정석靖錫이란 법명을 받은 스님은 통도사가 설립한 명신학교明信學校에서 신학문을 익혔고, 해담海曇 스님에게 비구계를 받은 이후에는 통도사 불교전문강원에서 불경을 배웠다. 그때 시인이자 독립운동가였던 만해 스님에게 월남망국사를 들으며 《화엄경》을 공부했는데, 시간이 나면 스님은 시골 장터로 나가 포교를 했다. 이때 배운 《화엄경》의 인연으로 스님은 평생 《화엄경》을 가장 즐겨 읽었고, 훗날 화엄산림법회를 열어 스님만의 독특한 강설을 했다.

스님의 얘기 중에 장꾼들이 가장 좋아한 내용은 화두 '안수정등岸樹井藤'이었다. 스님은 어린 시절부터 서화에 뛰어난 재주가 있어 안수정등의 내용을 그림으로 그려 보여주고는 장꾼들에게 얘기했다. 이무기와 뱀, 그리고 쥐와 코끼리, 칡넝쿨을 그린 그림을 주장자에 매달고 요령을 흔들면 무엇이 있나 싶어 장꾼들이 모여들었다.

안수정등. 그 내용은 이러했다.

한 사람이 망망한 광야를 가는데, 코끼리가 쫓아와 정신없이 달아나다가 나무에 올라 보니 밑에는 우물이 있고, 나무를 감은 칡넝쿨이 우물 속으로 축 늘어져 있었다. 코끼리에 쫓기던 사람은 칡넝쿨을 잡고 우물 속으로 내려갔다. 그런데 우물 밑바닥에는 세 마리의 이무기가 입을 벌리고 있고, 우물 중간에는 네 마리의 뱀이 사방에서 혀를 날름거렸다. 할 수 없이 칡넝쿨을 생명줄로 삼고 우물 중간에 매달려 있는데, 두 팔의 힘은 점점 빠지고 흰쥐와 검은 쥐가 나타나 칡넝쿨을 쏠았다. 그때 머리를 들어 위를 쳐다보니 나무에 붙은 벌집에서 달콤한 꿀이 한 방울씩 떨어져 입속으로 들어왔다. 그 사람은 꿀맛에 애착하여 위태로움을 잠시 망각했으나, 실제의 상황은 오르거나 내려가거나 머무를 수 없었다.

이처럼 급박한 처지에서 생사해탈을 이루려면 어찌해야 하는가. 안수정등이란 화두의 핵심은 바로 그것이었다. 그러고 보니 안수정등은 장꾼뿐만 아니라 오늘을 사는 나에게 묻는 화두이기도 한 것 같다. 그렇다. 헛된 꿈과 순간적인 행복에 사로잡혀 있는 한 우리 모두는 안수정등 속의 어리석은 사내일 수밖에 없는 것이다. 달콤한 꿀에 취해 이무기에 잡혀 먹힐지 모르고 사는 안수정등 속의 사내가 바로 우리의 자화상인 것이다.

정석에서 경봉으로 법명을 바꾼 스님은 장꾼들에게 질문을 던지고 대답이 없으면 스스로 답을 내렸다.

"자, 이 형국이 어떠한가 한번 상상해보라. 우리가 이 세상에서 살면서 온갖 걱정을 하는데, 자식 걱정 돈 걱정 따위는 이것과 비교가 되지 않는다. 무상無常이란 살귀殺鬼인 코끼리를 피해 올라간 나무는 사람의 육신이고, 우물은 황천이고, 칡넝쿨은 목숨이다. 언제나 황천을 향하고 있는 육신은 칡넝쿨에 의지하여 목숨을 부지하지만, 탐욕과 성냄과 어리석음의 삼독三毒은 세 마리의 이무기가 되어 입을 벌리고 있고, 육신의 요소인 지수화풍은 네 마리의 뱀이 되어 기다리고 있다. 더욱이 해와 달을 가리키는 흰쥐와 검은 쥐는 목숨인 칡넝쿨을 갉아먹고 있지 않은가. 그럼에도 오욕락五欲樂의 꿀은 달기만 하다. 눈앞에 무상이 가득하지만 달콤한 꿀 한 방울 받아먹는 재미로 생사를 뛰어넘는 참선 공부를 팽개치고 죽어가고 있는 것이다."

스님의 얘기는 자신에게 던지는 다짐이기도 했다. 스님의 심혼에 불을 붙이는 맹세였다. 경봉은 강원에서 대교大敎를 수료한 이듬해 《화엄경》의 바로 이 구절에서 벼락을 맞은 듯했다.

종일토록 남의 보배를 세어도 반 푼어치의 이익이 없다
終日數他寶 自無半錢分.

팔만사천의 불설佛說도 어디까지나 부처의 보배일 뿐 깨달음을 얻지 못한 자신에게는 반 푼어치의 가치도 없다며 머리를 후려치는 불벼락 같은 구절이었다. 경봉은 즉시 걸망을 메고 안양암을 도망쳤다. 머리에 불이 붙은 듯 신심이 솟구쳐 견딜 수 없었다.

그날 경봉 스님은 머리에 신심의 불이 붙어 안양암을 도망쳤으나, 스님을 흠모해온 나는 거꾸로 발심發心의 불을 붙이러 안양암 경내로 들어선다. 암자 위 산자락에는 특이한 이름의 북극전北極殿이 있다. 민간신앙이 스민 북극전 뒤 숲 속에서 소쩍새 울음소리가 간간히 들려온다. 누군가가 소쩍새 울음소리를 피를 토하는 소리라고 했던가. 안양암에서 한때 무문관 정진을 했던 경봉 스님의 치열한 구도의지 같은 소리다.

더불어 느슨해진 내 삶에 긴장을 주는 애절한 소리다. 무슨 일을 하던 피를 토하듯 저렇게 절절해야만 의미 있는 성취를 이뤄낼 수 있지 않을까 싶다. 흐린 날 오후에 통절하게 우는 소쩍새 울음소리를 들어보기는 처음이다.

눈을 스친 꽃 한 송이라도 사라지지 않는 것이 인과법이다. 눈앞에 다시 나타나지 않을 뿐 그 인연은 다른 에너지로 끊임없이 바뀌면서 윤회하는 법이다. 내가 이웃에게 직접 지은 선업과 악업, 아무도 없을 때 무심코 내뱉은 말과 행동 또한 마찬가지다. 이처럼 인과가 명명백백하니 한 생각 헛되게 일으킬 수도, 한 마디 헛되게 할 수도, 한 발짝 헛되게 내딛을 수도 없는 것이다.

직지사 천불선원 햇살이 찔레꽃으로 피어 있구나

전생의 일이란 지금 받고 있는 그것이다

초파일에 피기 시작하였으리라. 아직도 돌담 옆에 불두화佛頭花가 주먹밥처럼 주렁주렁 매달려 있다. 저잣거리에서는 함박꽃이라고도 부르는데 나는 저 꽃을 볼 때마다 사시공양 때 부처님께 올리는 마지摩旨(부처님 밥)를 생각하곤 한다. 거울 같은 놋그릇에 하얀 쌀밥 대신 불두화를 한 송이 꺾어 공양한다면 칙칙한 법당 안이 얼마나 환해질까 하는 상상의 날개가 파닥거린다.

만약 내가 전생에 아주 가난한 절의 수행자였다면, 마지조차도 올리기 힘겨운 절의 복 없는 수행자였다면 그리 했을지도 모른다. 밥 대신에 꽃을 올렸다는 이유로 부처님께서는 화를 내셨을까 미소를 지으셨을까. 아마도 부처님은 시비 분별을 떠난 분이니 미소를 지으셨을 것 같다.

어쩌면 전생의 내 업 중에서 꽃 공양을 한 인연이 있었던 까닭에 그런 생각이 자꾸 드는지도 모르겠다. 그렇다면 실제로 전생에 경험했던 일이었다면 상상이 아니라 필연적인 회상이라고 해야 옳다. 부처님 세상에서는 인과因果와 연기緣起에 따른 필연만 존재하지 우연이란 없기 때문이다. 우연이란 실상이 아니라 그림자이고 물거품이고 허깨비 같은 허상일 터. 더구나《법화경》에서 부처님은 이렇게 말씀하셨던 것이다.

전생 일을 알고자 하는가
지금 받고 있는 그것이다.
내생 일을 알고자 하는가
지금 하고 있는 그것이다.
欲知前生事
今生受者是
欲知來生事
今生作者是

눈을 스친 꽃 한 송이라도 사라지지 않는 것이 인과법이다. 눈앞에 다시 나타나지 않을 뿐 그 인연은 다른 에너지로 끊임없이 바뀌면서 윤회하는 법이다. 내가 이웃에게 직접 지은 선업과 악업, 아무도 없을 때 무심코 내뱉은 말과 행동 또한 마찬가지다. 이처럼 인과가 명명백백하니 한 생각 헛되게 일으킬 수도, 한마디 헛되게 할 수도, 한 발짝 헛되게 내딛을 수도 없는 것이다.

지난 음력 4월 15일에도 어김없이 전국의 모든 선원이 하안거 결제에 들어갔다. 결제에 앞서 조계종 종정 법전 스님은 '하안거 결제법어'를 내렸다. 결제에 들어가는 수행자들에게 던지는 일종의 숙제인 셈이었다. 결제법어의 형식은 지난 동안거 때와 마찬가지로 다분히 조사선이었다. 중국의 조사, 선사들이 제자들과 주고받은 선문답을 내용으로 하고 있기에 그렇다.

조사, 선사들의 선문답을 묶은 책이 《벽암록》이나 《무문관》 등의 공안집이다. 눈 밝은 수행자는 공안을 화두로 변용해 사용할 줄 안다. 생사生死를 해결하기 위해 한바탕 천하장사 씨름을 하듯 한판승의 활구로 환치시킬 줄 아는 것이다. 생사란 관념적인 것이 아니라 인간실존의 어려운 과제다. 누구에게나 주어진 '나는 어디서 와서 어디로 가는가'라는 인생 최대의 문제이다. 그래서 수행자들은 예나 지금이나 일대사一大事라고 부른다.

법전 종정스님이 던진 숙제를 수학문제처럼 논리적으로 풀어보라는 식으로 받아들인다면 큰 오산이다. 공안은 조사들이 남긴 지식일 뿐이다. 그러므로 생사문제의 답을 얻고자 하는 수행자들에게

직지사 천불선원 도피안교 • 부처님 세상에서는 필연만 존재하지 우연이란 없다.
우연이란 실상이 아니라 그림자이고 물거품이다.

'목과 입을 사용하지 않고 말할 수 있느냐'라는 화두(활구)를 제시했다고 봐야 한다. 그런 점에서는 화두를 들고 답을 찾아가는 간화선이다. 법전 종정스님의 법어는 다음과 같았다.

「백장선사께서 "목도 입도 쓰지 않고 말할 수 있느냐"고 납자들에게 물었습니다. 이에 위산 영우는 "오히려 스님께서 먼저 말씀해주십시오"라고 하였고, 오봉 상관은 "스님께서 먼저 목도 입도 모두 없애 보십시오"라고 말했습니다. 그리고 운암 담성은 "스님께서 이미 목과 입을 모두 없애버리신 줄 알았는데 아직 목과 입이 남아 있습니까"라고 대꾸하였습니다. 훗날 운문선사는 "평지에 죽은 사람이 무수하다. 가시덤불을 지나가는 자라야 좋은 솜씨이다"라고 한 바 있습니다. 이와 같이 백장을 비롯한 모든 종사들은 가시덤불 같은 선문답으로써 사람을 시험하였던 것입니다.

왜냐하면 일상적인 언어로는 납자들을 제대로 시험해볼 수가 없기 때문입니다. 그러므로 제대로 안목이 열린 공부인이라면 그 말의 낙처落處를 제대로 알아차려야 합니다. 알고 보면 쉽습니다. 물음 속에 한 가닥 길이 있음을 안다면 칼끝도 상하지 않고 또 손끝도 절대로 다치는 법이 없습니다. 따라서 이런 납자들은 활구活句를 참구할 뿐이지 절대로 사구死句로 헤아리지 않습니다. 종사가 사람을 지도하는 것은 못과 쐐기를 뽑아주는 이치가 있음을 제대로 알려주는 것과 같습니다. 백장선사가 "목도 입도 쓰지 않고 말할 수 있느냐"고 물은 것에 대하여 대답한 이 대종장들의 말씀은 각각 깊고 얕은 차이가 있기는 합니다. 그래도 어쨌거나 나름대로 모두가 자기 분상에서 한 소식을 담아낸 것들입니다. 하지만 '목구멍과 입술을 닫아버리고 한마디 하라'는 백장의 말씀에 무슨 차례가 있겠습니까. 이미 목구멍과 입술을 다물었다면 또다시 무슨 일을 밝힐게 있었겠습니까. 그렇다면 도대체 백장선사의 참뜻이 무엇입니까. 앞으로 가도 마을을 만나지 못하고 뒤로 돌아가도 주막이 없습니다. 이처럼 "목도 입도 쓰지 않고 말할 수 있느냐"는 것은 오도 가도 못하게 하는 물음입니다. 나갈 수도 물러설 수도 없기에 어떻게 하든지 그 자리에서 꼼짝 않고서 살길을 찾아야만 합니다. 그 해결방법은 오로지 화두타파 외는 별다른 방도가 없습니다. 그래서 산승은 항상 간절한 노파심으로 이 법문을 자주 해왔고, 또 후학들에게도 두세 번 거듭 일러왔던 것입니다. 이번 무자년 하안거에도 이 '병각인후倂却咽喉' 공안타파를 위하여 용맹심으로 참구해주길 결제에 들어가며 다시 한 번 당부하는 바입니다.

건곤일통물요와 乾坤一統勿譊訛 어늘
정족삼분사유다 鼎足三分事愈多 라
뇌득백장능파정 賴得百丈能把定 하여

불교용이동간과 不教容易動干戈 로다.

건곤이 하나로 통합될 때 시비가 없더니
솥발같이 셋으로 나뉘니 일이 더욱 많아졌네.
다행히 백장이 있어 잘 가라앉혔으니
쉽사리 창과 칼이 움직이지 않게 되었네.」

발심의 잉걸불로 망상이란 파리를 쫓아라

  직지사 하면 허연 수염을 산신령처럼 기르고 계시던 관응觀應 조실스님이 먼저 떠오른다. 지금은 입적하고 안 계시지만 젊은 시절에 스님의 법문을 들었던 기억이 생생하다. 스님의 법문 중에 지금도 확실하게 기억나는 것은 인연에 대한 말씀이다. 스님께서는 직접적인 원인이 되는 것을 인因이라 했고, 간접적인 원인이 되는 것을 연緣이라고 얘기했다. 삼십대 초반이던 내게 스님께서는 사과나무를 예로 들었다. 사과 씨앗이 인이라면, 사과 씨앗을 싹틔우게 하는 바람과 물과 햇볕과 사과밭과 사람의 땀은 연이라고 했다. 그런데 내가 흥미롭게 들었던 대목은 사과밭이 바른 평지가 아니고 가파른 산기슭이면 연을 잘못 맺은 결과로 사과의 모양도 비뚤어진다고 말씀하신 부분이다. 정말로 그런지 아직 확인해보지는 않았지만

직지사 천불선원 안양루 • 사과 씨앗이 인이라면, 사과 씨앗을 싹틔우게 하는 바람과 물, 햇볕, 사람의 땀은 연이다.

말씀의 진의는 이해할 수 있었다. 살아가면서 인연을 잘 맺어야 한다는 뜻으로 그렇게 비유를 들어 말씀했던 것이다.

도피안교를 지나 안양루를 들어서니 바로 직지사 천불선원이다. 지금 이곳의 선방도 많은 선객들이 각자의 화두를 들고 앞니에 곰팡이가 필 정도로 묵언정진 중이다. 천불선원은 일찍이 청년 경봉 스님이 정진했던 선방이고, 6·25 전쟁 후 첫 선원중창 때는 스님이 상량문을 써 보냈던 도풍道風어린 공간이다. 안거 기간 중의 선원은 금족禁足의 공간이지만 나는 또 결례하고 만다. 대나무 발 사이로 언뜻 보이는 선방 스님들에게 미안하다.

직지사를 두 번째 들른 셈이다. 몇 년 전에는 김룡사에서 처음 뵈었던 자광 주지스님을 방문하고자 찾았고, 이번에는 경봉 스님이 천불선원에 흘린 그림자를 보고자 달려온 걸음이다. 문득 자광 스님께서 들려준 이야기 한 토막이 뇌리를 스친다. 석양이 기우는 어느 가을날이었다. 김룡사 상선원 마루에 앉아서 운달산 허공을 가득 채운 수만 마리 잠자리들의 군무群舞를 보면서 얘기를 들었다. 허공을 은빛으로 수놓은 잠자리의 군무는 김룡사의 비경이었다. 김룡사 스님들만 알고서 석양 무렵에 바라보는 눈부신 광경인 것 같았다. 그때 자광 스님은 은빛으로 반짝이는 허공을 응시하며 다소 감상에 젖어 자신의 어린 시절로 돌아갔다.

자광 스님이 출가하기 전, 그러니까 초등학교 학생일 때의 이야기였다. 홀어머니 슬하에서 자란 초등학생 자광은 일찍 아버지를 여의었으므로 단 한 번도 아버지를 불러본 적이 없었다고 한다. 그런 자광이 문경 김룡사로 소풍을 가 불문佛門의 아버지를 만난다는 시절인연의 사연이었다. 김룡사의 한 스님이 소풍 온 학생들에게 법당 안에 계신 부처님은 사생四生의 자비로운 아버지慈父요, 사람과 하늘人天의 스승이라고 설명했고, 어린 자광은 '아, 아버지가 여기 계셨구나!' 하고 법당 안으로 들어가 지금까지 단 한 번도 불러보지 못한 아버지를 불렀던 것이다.

그러나 아버지란 소리는 쉽게 나오지 않았다. 한 번도 불러보지 않고 외롭게 자랐으니 아버지란 소리가 자연스럽게 나올 리 없었다. 그래도 어린 자광은 목구멍에서 아버지란 소리가 나올 때까지 버텼다. 서너 시간이 흘렀다. 경내 이곳저곳에서 놀던 학생들은 도시락을 까먹고 보물찾기 놀이를 하는 데 정신이 없었다.

이윽고 오후가 되어 학생들을 점검하던 인솔교사는 자광이 없음을 알고 경내를 샅샅이 돌아다니며 찾았다. 교사는 어린 자광을 응진전 안에서 발견했다. 그때 자광은 소리 죽여 울며 뜨거운 눈물을 훔치고 있었다. 불단 앞에 앉아서 부처님을 '아버지, 아버지!'라고 부르며 흐느끼고 있었다.

화두를 든다 함은 아비 없는 자식이 타는 목마름으로 아비를 찾

해인사 퇴설당 • 화두를 든다 함은 아비 없는 자식이 타는 목마름으로 아비를 찾는 절절함이 아닐까.

는 절절함이 아닐까. 알음알이 知解로는 불가능하지만 어린 자광에게 응진전의 부처님이 아버지로 화현했듯 온몸으로 체험되는 것이 바로 화두의 역동성일 것이다. 그렇다. 애간장이 녹아드는 간절함과 답을 찾고자 하는 목마른 사무침이 없다면 절대로 타파되지 않는 것이 바로 화두일 터이다.

경봉은 1915년 용맹정진으로 나름대로 득력 得力을 얻은 해인사 퇴설당에서 바로 직지사 천불선원으로 바랑을 메고 하루 만에 걸어왔다. 당시 퇴설당은 조선말 선의 중흥조인 경허선사가 조실스님으로 머문 이래 해인사 선방으로 이용되고 있었던 것이다.

천불선원 조실인 제산 스님의 권유로 달려왔지만 경봉의 몸은 몹시 지쳐 있었다. 정신은 얼음장 밑으로 흐르는 개울물처럼 맑았지만 몸은 말이 아니었다. 마음이 산란해져 망상이 일어나면 퇴설당에서 나와 기둥에 머리를 쿵쿵 찧어 이마가 찢어지곤 했던 것이다. 하루는 이마에서 피가 흐르는 경봉을 보고는 구참 수좌 하나가 혀를 차며 당부했다.

"쯧쯧. 경봉 수좌. 망상을 떼어내려고 하는 것도 망상일세. 파도가 인다고 파도를 피하려는 것이나 다름없지. 파도를 피하려고만 든다면 어찌 바다를 건널 수 있겠는가."

"스님, 어찌하면 됩니까."

"파리를 보게. 파리는 오만 군데 다 붙지만 붙지 못하는 데가 딱 한 군데 있어. 불이 활활 타는 데는 붙을 수가 없다네. 초심으로 돌아가 자네 머릿속에 불이 붙어야 돼. 발심의 잉걸불이 활활 타오르면 망상이란 파리는 발붙일 데가 없어지지."

경봉은 구참 수좌의 충고에도 불구하고, 망상과 졸음으로 화두를 곧잘 놓치는 자신이 너무 실망스러워 장경각 뒷산으로 올라가 소리 내어 울었다. 소나기를 흠뻑 맞으며 우는 날도 있었고, 뻐꾸기가 청승맞게 우는 날 뻐꾸기와 함께 울고 산을 내려온 날도 있었다. 한동안 눈물을 흘리고 나면 전생부터 쌓인 두터운 업장이 씻겨 내리는 느낌이 들어 새로 태어나 발심한 사람처럼 화두가 역력하게 들렸다.

겨울 동안거 때는 한순간이라도 졸리면 개울가로 나가 얼음장을 깨어 입에 물었다. 얼음을 물면 얼음이 녹을 때까지는 수마가 접근하지 못했다. 그러나 얼음을 문 다음날에는 잇몸이 가렵고 피가 났다. 피가 자주 나자 마침내 잇몸이 부실해져 멀쩡한 이가 모두 시리고 흔들렸다. 훗날 틀니를 한 경봉은 이때의 체험을 떠올리며 참선 공부가 잘 안 된다고 찾아오는 수좌들에게 다음과 같이 법문을 했다.

「날이 훤하게 새자면 다시 캄캄해졌다가 밝아지듯이 수좌가 공부하는 것도 이와 같은 것이다. 초목이 추운 겨울에는 꽁꽁 얼었다가도 봄이 오면 다시 잎이 나고 꽃이 피는 것처럼. 우리 수도인修道人들도 뼈를 갈고 힘줄이 끊어지는 듯한 고통을 참아가며 피나는 노력을 해야 온 누리 속에서 홍일점紅一點과 같은 찬연한 진리의 광명을 얻을 수 있다.

 바다는 온갖 시냇물과 작은 물줄기가 강으로 합해진 뒤에 이루어지고, 하늘도 맑은 공기가 충만해서 새파랗게 보이는 것이지 본래 하늘에 푸른 빛깔이 있는 것은 아니지 않은가. 우리는 때로 공부를 하다가 졸거나 망상에 시달리곤 한다. 하지만 물방울이 비록 작으나 모이고 합쳐져서 큰 바다를 이룬다는 것을 알고 꾸준히 정진해야 한다. 석가여래가 별다른 것인가! 자기도 장부요 나도 그러하니 용기를 내어서 하면 못 이룰 것도 없는 것이다.」

알아도 모른 체하는 바보가 참사람이 되다

 석가여래가 별다른 것인가! 경봉의 발심과 기개를 느끼게 하는 구절이다. 그런데 망상과 졸음을 극복하고 천불선원으로 온 경봉에게 또 하나의 장애가 나타난다. 그것은 어린 시절부터 익힌 한문 실력이었다. 남에게 배워 얻은 지식은 진정한 내 것이 아니라 참선 공부를 하는 데는 독毒이 될 뿐이었다. 그러나 직지사 대중들은 대장경이나 조사어록의 난해한 구절을 해석해달라고 경봉의 방을 찾아왔다. 심지어는 이미 해인사 주지를 지낸 남전南泉까지 경봉에게 의문 나는 것을 물었다.

단 한 사람, 경봉에게 기대를 걸었던 만봉萬峰만이 혀를 찼다.

"경봉 수좌, 똥딱지 같은 대장경 보지 말고 일대사 마쳐 금생에 반드시 생불生佛이 되소. 나같이 밥값이나 축내는 도둑이 되지 마소."

어느 날 만봉은 경봉을 데리고 절 뒷산으로 갔다. 정조 임금의 태를 묻은 태봉胎封 부근이었다. 만봉은 그 자리에서 한 수행자가 스승 같은 어머니를 만나 도인이 되어가는 이야기를 경봉에게 들려주었다. 경봉에게 감화를 준 그 얘기는 직지사 천불선원 수자들 입에서 입으로 전해오다가 요즘은 전설 따라 삼천리 같은 그런 얘기를 하는 사람도 없고 듣는 사람도 없다고 한다. 만봉이 한 얘기는 이렇다.

불심이 깊어 스님들을 잘 시봉하는 가난한 과부 보살이 살았다. 아들이 열다섯 살이 되었을 때 보살은 아들을 훌륭한 스님으로 만들기 위해 가까운 절로 출가를 시켰다. 보살에게 꿈이 있다면 수행을 잘한 아들이 금생에 도인이 되어 모든 사람을 제도하는 것뿐이었다.

그런데 아들은 어머니를 실망시켰다. 아들이 출가한 지 2년 만에 절에 가보니 아들의 행동거지는 머리만 깎았을 뿐 속가에 있을 때와 똑같았다. 나무하고 물이나 긷고 불경 공부는 시늉만 하고 있었

직지사 천불선원 • 이승과 저승의 묵묵한 중음의 자리에서 초여름 햇살이 찔레꽃인 양 눈부시다.

다. 보살은 빈둥거리며 사는 아들을 보자마자 옆에 있던 작대기를 들어 아들의 등짝을 후려쳤다.

"절에 들어왔으면 공부나 잘하고 있을 일이지, 이래 가지고 장래에 뭐가 되겠나. 공부 잘해서 날 제도하고 죽은 아버지 천도해달라고 했더니 이게 무슨 짓거리냐. 지옥에 가면 절밥 공짜로 먹은 땡초들이 득실득실하다는 것을 아직 몰랐단 말이냐!"

보살이 공양도 하지 않고 돌아가 버리자, 아들은 곰곰이 생각했다. 어머니와 아버지를 천도하려면 무슨 공부를 하면 될까 하고 궁리했다. 그러다 이름 난 범패승 밑으로 들어가 재를 지내는 방법을 배웠다. 여러 가지 재 지내는 법을 배우는 데 10여 년이 걸렸다. 때마침 큰 재가 있어 아들은 어머니를 모시고 왔다. 그러나 보살은 또 예전처럼 아들의 등을 작대기로 후려쳤다.

"이놈이 돌아가신 아버지 천도하고 업 많은 날 제도해달라고 했더니 이제는 무당이 되었구나. 무당질하라고 내가 널 절에 보냈더냐. 불효막심한 놈 같으니라고!"

보살이 떠나자 아들은 범패승 곁을 떠났다. 이번에는 대장경을 앞뒤로 줄줄 외는 대강백 밑으로 갔다. 총명한 아들은 10년 만에 모든 경전을 섭렵하고 강주스님이 되었다. 대강백은 보살의 아들에게 자신의 후계자로 지목하여 강맥을 잇게 했다. 아들은 제자인 한 학인을 집으로 보내 보살을 불렀다. 보살이 절에 도착할 무렵에는 수

십 명의 학인들을 일주문까지 보내 마중하게 했다. 아들을 만난 보살은 또 노발대발했다.

"이놈아, 접장질하려고 절에 들어왔느냐. 이런 짓하려면 속가에서나 하지 왜 절에까지 와서 하느냔 말이다. 20년을 기다렸지만 네 놈 하는 짓을 보니 이젠 틀렸다. 틀렸어!"

할 수 없이 아들은 몇 달 분의 쌀과 땔나무를 벨 때 쓰는 도끼와 낫 등을 지고 산중으로 들어갔다. 그런데 아들이 산으로 들어간 지 1년 만이었다. 할머니가 된 보살이 찾아왔다. 그때 아들은 토굴에서 좌선삼매에 들어 있었다. 토굴 밖에 누가 왔는지 전혀 눈치채지 못하고 있었다. 보살은 토굴로 들어가 아들의 목을 껴안고 울었다. 그제야 아들이 보살을 알아보았다. 아들의 형형한 두 눈에는 무지개 같은 상서로운 빛이 어려 있었다. 아들은 보살의 울음소리를 듣는 순간 홀연히 부처가 되었다. 아들의 눈에 어린 빛을 본 보살도 문득 눈을 떴다. 한 번에 모자가 다 도인이 된 순간이었다.

경봉은 만봉의 얘기를 듣고 나서 다시 발심을 했다. 경을 물어오는 사람들을 피했다. 달마대사처럼 면벽하며 깊은 침묵으로 들어갔다. 천불선원 대중들이 용맹정진하는 경봉을 보고 환희심을 냈다. 어린 수좌들은 자신도 모르게 경봉을 보면 합장을 했다. 경봉은 해제 날이 되어 천불선원을 떠나면서 만봉의 골방으로 갔다.

"스님, 말씀 한마디 한마디가 정수리를 찌르는 정침일문頂針一門입니다."

"선객은 알아도 모른 체하는 바보가 되어야 해. 나야 원래 둔한 사람이지만 알아도 모른 체하기가 얼마나 어려운 일인가. 그래도 바보같이 사는 것이 참선 공부하는 데는 영약이 될 걸세."

알아도 모른 체하는 바보, 더불어 바보같이 사는 것이 참선 공부하는 데 영약이란다. 그러고 보니 참선 공부뿐만 아니라 승속을 불문하고 누구라도 바보같이 사는 것이 참사람이 되는 비법이 아닌가 싶은 자각이 든다. 아무리 자기 선전시대라고는 하지만 머리만 내밀고 사는 시루 속의 콩나물 같은 가분수 인생은 아니었는지 되돌아보게 된다.

중국의 어느 선사가 말했던가. 대들보와 기둥은 나무꾼의 발길이 닿지 않는 깊은 산중에서 나온다고. 그러나 우리가 사는 지금 세상에서는 모두가 산중으로 들어갈 수는 없다. 저잣거리를 깊은 청산으로 알고 사는 법이 있기 때문이다. 사람들이 북적이는 저잣거리에서 알아도 모른 체하며 바보처럼 사는 것이 바로 그것이다. 시절 인연이 도래하여 대들보와 기둥이 되는 길이다.

선원의 요사채인 향경다실香經茶室에서 한 스님의 친절로 차를 한잔 마신다. 도피안교 사이를 빠져 흐르는 물소리도 이곳에서는 숨을 죽이나보다. 찻잔에 부딪치는 찻물 소리만 또르륵 하고 들린다.

차 한 잔을 마시면서 나도 무념 속에 잠긴다. 순간, 땀 흘리며 부대끼던 저잣거리의 생각이 사라진다. 차 한 잔에 온몸을 적시면서 마음의 평화를 느껴본다. 향경다실 밖은 흐드러지게 핀 수만 송이의 찔레꽃인 양 초여름 햇살이 눈부시다. 차안과 피안 사이, 이승과 저승의 묵묵한 중음中陰의 자리에서 초여름 햇살이 찔레꽃으로 눈부시게 피어나고 있는 것 같다.

"불교란 우주의 모든 존재에게 자비를 나눠주는 종교입니다. 사람은 물론 나무 한 그루, 풀 한 포기, 돌멩이 하나까지도 내 몸 같이 사랑하여 마침내 나와 모든 존재가 함께 행복해지는 것이 불교입니다. 사람만 행복해지기 위해 다른 존재에게 피해를 주는 것은 불교가 아닙니다."

천성산 내원사에서는
한 모금의 물도 가볍지 않네

불법은 모든 존재와 더불어 행복해지려는 것

천성산으로 오는 버스 안에서 옆자리에 앉은 젊은 사내와 나눈 얘기가 생각난다. 원색의 등산복 차림을 한 사내는 내게 몇 가지를 묻고는 고개를 끄덕였다. 내가 보기에는 내원사 신도는 아닌 것 같았다. 몇 마디 묻고는 일주문 앞에서 하차하더니 절로 오지 않고 다른 산길을 타고 사라졌다. 그가 한 질문을 잠시 떠올려보니 내원사 간다고 하는 나를 '어떤 불자인지'를 시험한 것 같은 느낌도 든다.

그는 내게 갑자기 '선禪이란 무엇입니까' 하고 물었다. 등산객이 산속에서 길을 묻는 것처럼 알고 싶어 했다. 초면이었으므로 생뚱맞은 기분도 들었다. 그러나 나는 사내의 진지한 얼굴을 확인하고는 되도록이면 짧게 얘기해야겠다고 생각하며 말했다.

"선이란 좁게 말해서 부처님 마음이고, 넓게 말해서는 내가 누구인지, 내 본래면목이 무엇인지를 깨닫게 하는 모든 수행법이라고 생각합니다. 나를 안다는 것은 행복한 인생이 무엇인지를 이해하게 하는 첫걸음이기 때문에 선은 우리에게 행복과 자유를 주는 나침반 같은 것이라고 생각합니다."

"지금 이렇게 버스를 타고 가는 것도 발달한 과학의 혜택이 아니겠습니까. 종교가 아닌 과학도 사람들에게 많은 행복을 준다고 생각하는데 왜 꼭 선이 필요한 것입니까."

"과학은 행복과 불행을 함께 주고 있다고 생각합니다. 과학이 발달하여 생활이 편리해진 것은 분명하지만 사람들이 물신주의에 빠져 본래의 인간성을 상실하고 불행해진 것도 사실이지 않습니까. 그런데 선이란 본래의 자기 자신으로 되돌아가자는 것이니까 과학의 모순을 극복할 수 있는 대안이 되지 않겠습니까. 지금 같은 과학의 시대에 꼭 필요한 것이 선이라고 생각합니다. 절대충분조건은 아니더라도 필요충분조건인 셈이지요."

"선생님도 선수행을 하십니까."

"아주 공감하고 있습니다. 과학의 시대는 속도의 시대입니다. 빠르지 않은 것은 도태됩니다. 그런데 간화선은 여러 수행법 중에서 전광석화처럼 빠르게 깨우쳐주는 수행법입니다. 그런 면에서 간화선이 속도를 요구하는 과학의 시대와 가장 상생할 수 있는 수행법이라고 생각합니다."

"선생님은 독실한 불교 신자 같습니다. 선생님은 불교의 어떤 가르침이 좋습니까."

"부처님의 가르침 중에서 뿌린 대로 거둔다는 인과는 내게 삼독三毒을 경계하게 하여 나를 하심하게 하고, 세상과 한 뿌리라고 하는 연기는 나와 남의 경계를 허물게 하여 자비심을 주고, 무아無我는 집착하는 '거짓 나'를 알아채게 하여 내 인생을 지족知足의 길로 이끌어주는 것 같습니다."

사내가 알쏭달쏭한 표정을 지어 나는 다시 한 번 불교를 쉬운 말로 얘기했다.

"불교란 우주의 모든 존재에게 자비를 나눠주는 종교입니다. 사람은 물론 나무 한 그루, 풀 한 포기, 돌멩이 하나까지도 내 몸 같이 사랑하여 마침내 나와 모든 존재가 함께 행복해지는 것이 불교입니다. 사람만 행복해지기 위해 다른 존재에게 피해를 주는 것은 불교가 아닙니다."

옥잠화는 한여름 백중(음력 7월 15일) 무렵에 핀다. 마침 하안거 해제 전후에 핀다고 하여 절에서는 해탈꽃이라고 부른다. 옥잠화 향기는 이슬이 내린 새벽 도량을 거닐며 맡는 것이 으뜸이다. 여러 꽃향기 중에서 옥잠화 향기는 진하고 은근한 편이다. 도량석을 마치고 법당에 든 스님의 장삼 자락에서도 옥잠화 향기가 날 정도인 것이다. 조선후기 때 직지사에 머물며 수많은 학인을 가르쳤던 환성 지안선사의 선시 가운데 꽃이 핀 산길로 봄나들이 갔다가 돌아오는 길에 '꽃향기 옷깃에 스며 나비가 너울너울 사람을 따라오네'라는 구절이 있는데 옥잠화를 보면 충분히 공감이 가는 절창이다.

해제 무렵에 또 하나의 승경勝景은 산중 경치가 아니라 만행을 떠나는 스님들의 뒷모습이다. 걸망을 메고 떠나는 모습이 바로 해탈꽃처럼 정갈하고 산뜻하다. 세상 속으로 내려가는 걸음걸이가 홀가분하게 보인다. 올해는 그런 모습을 천성산 내원사에서 본다. 걸망 속에는 지난 안거 때 공부한, 결코 가볍지 않은 결의와 서원이 담겨 있으리라.

혜능대사가 말했던가. 경經만 외우던 한 스님에게 선禪을 권유하며 '침묵이 부처임을 믿는다면 입에서 저절로 연꽃이 피리라'라고 했다. 법전 종정스님께서 내린 이번 하안거 해제법문도 가슴에 와 닿는다. 흘러가는 물인 듯 구름인 듯 산길을 내려가는 저 비구니 납자들도 마찬가지리라.

「운문선사께서 해제를 하고 만행 온 납자에게 물었습니다.

"여름 결제 때는 어디에 있었느냐."

"형주의 남쪽에서 금金을 나누었습니다."

"얼마나 나누어 가졌느냐."

옥잠화 • 꽃향기 옷깃에 스며 나비가 너울너울 사람을 따라오네.

납자가 양손을 펴보이자 말씀했습니다.
　　"기와 조각이구나."
　　"스님께선 별것이라도 가지고 계십니까."
　　"마른 똥막대기를 마음껏 물어뜯어라."

　　이 납자는 결제 동안 열심히 정진하여 공부 좀 한 것이 금덩어리인 줄 알고 운문산에 들러 자랑스럽게 운문선사에게 내보였는데 그것이 기와 조각이라고 하자, 다시 공부하는 방법을 물었더니 운문선사가 '마른 똥막대기를 물어뜯어라'라고 대답한 것입니다.

　　운문선사가 어떤 납자에게 물었습니다.
　　"어떤 것이 부처입니까如何是佛."
　　"마른 똥막대기니라乾屎橛."

　　똥은 하찮은 것입니다. 그렇지만 그것이 하찮은 것인 줄 모를 때는 그것이 금인 줄 압니다. 똥도 누렇고 금도 누렇기 때문입니다. 공부를 하다 보면 금인 줄 알았는데 똥인 경우가 많습니다. 그러나 안목이 열리지 않는 범부승은 '법'과 '법에 대한 집착'을 구별할 수 없습니다. 똥과 금을 착각하는 것입니다. 그러나 알고 보면 똥과 금은 둘이 아닙니다. 번뇌의 똥을 치우면 보리의 금이 나오기 때문입니다.

선림의 해제 대중들은 만행길에 선지식을 만나거든 내가 지난 결제 동안 공부한 것을 점검받아야 할 것입니다. 그렇게 된다면 해제길이 또 다른 결제길이 되는 것입니다.

똥오줌 뿌리는 짓거리는 모두가 부질없는 일이로다
이는 끝이 없거늘 누가 향기와 악취를 구별해내겠는가.
撒屎撒尿渾閑事

浩浩誰分嗅與香」

종정스님의 해제법문이 천둥소리처럼 울림이 큰 까닭은 저잣거리에 사는 우리에게도 해당되는 말씀이기 때문이다. 수행자들이 선방을 벗어나 만행 길에 서 있는 것처럼 우리도 생존의 저잣거리에서 잠시 비껴나 여름휴가 길에 서 있는 것이다. 휴가 길에 낯선 인연들을 만나면서 문득문득 나를 되돌아보고 내가 누구인지 묻는 공부 길이 된다면 또 다른 인생 수업이 되지 않겠는가. 그동안 저잣거리에서 우리가 움켜쥐고 산 것이 번뇌의 똥이었는지 보리의 금이었는지 세상 사람들과 대화하면서 점검할 수 있지 않겠는가. 해제길이 또 다른 결제길이라는 종정스님의 금쪽 같은 말씀에 눈이 환해진다. 어둔 가슴에 불이 켜진 듯하다.

원래는 나도 없는데 어찌 내 것 네 것이 있으랴

내원사 경내는 선객들이 썰물처럼 빠져나가 버리고 고요하다. 다리 밑으로 흐르는 개울물만 두런거리고 있다. 이따금 바람 한 자락도 흔적 없이 경내를 왔다가 간다. 선방은 해제를 했는데도 여전히 출입금지 팻말이 유효하다. 선방으로 가려고 하니 한 비구니 스님이 제지한다. 산철에도 정진하는 선객이 몇 명 있는 것 같다.

경봉이 1,300여 년 전 원효대사가 창건한 내원사로 부임한 것은 28세 때인 1919년이었다. 해인사 퇴설당, 직지사 천불선원, 금강산 마하연 선방, 함경도 석왕사 선방에서 안거 정진하다가 다시 통도사 안양암으로 돌아와 6개월 동안 장좌불와 동구불출의 용맹정진 끝에 오매일여의 선정력禪定力을 얻고, 그 힘으로 마산 포교당 포교사로 나가 활동하다가 내원사 주지로 왔던 것이다.

광복 전의 내원사는 한때 비구 선객들이 한 철 나기를 소망하는 절이었다. 경허의 제자 혜월이 주석했고, 운봉이 제자 향곡을 가르쳤던 도량이었다. 특히 혜월선사의 일화는 지금도 전설이 돼 전해지고 있다.

광복 전 경허의 3대 제자 중 한 사람이었던 혜월은 내원사 대중들에게 '개간선사'로 불렸다. 자갈땅이든 개울가 수렁이든 버려두지 않고 개간한 뒤 논밭을 만들어 곡식을 거두어들이니 '개간선사'로 불렸던 것이다. 스님은 늘 손에 호미와 괭이를 들고 다녔다. 밤낮으로 소처럼 묵묵히 일만 했다. 똥지게도 지곤 했다. 그래도 선방대중이 내원사로 몰려오는 안거 때면 먹을 양식이 부족했다.

흉년이 든 해는 한겨울 양식을 비축하기 위해 어미 소가 새끼를 낳자마자 그 소를 팔기도 했다. 절의 큰 재산인 어미 소가 이웃마을 농부에게 팔려갈 때는 대중스님들이 섭섭해했다. 주지스님도 크게 낙심하여 웃음을 잃었다. 그러자 혜월이 큰방에 대중을 모이게 한 뒤 장삼을 벗고 엎드렸다. 조실스님의 그런 모습을 보고 대중스님들이 의아해하자, 혜월이 소 울음을 흉내 냈다.

"음매, 음매."

소처럼 일만 하는 자신이 있으니 소는 없어진 것이 아니라는 위로이자 '그동안 공부한 것을 내놓으라'고 경책하는 혜월의 화두였다. 마침내 혜월은 내원사 주변의 산자락 2천 평을 논밭으로 개간하여 자립할 수 있는 터전을 마련했다. 논밭에서 쌀과 배추, 옥수수, 감자, 고구마 등을 수확했다. 결코 물욕이 있어 논밭을 일군 것은 아니었다. 공부보다는 울력만 시키니 혜월 뒤에서 불평하는 대중도 있었지만 나중에는 모두가 혜월의 뜻을 따랐다.

논밭이 불어나자 이런 일도 있었다. 절에서 논 세 마지기를 마을 농부에게 팔았는데, 혜월은 뜻밖에도 논 두 마지기 값만 받고 돌아왔다. 주지는 혜월을 이해할 수 없었다.

천성산 내원사 선원 • 천성산이 깊으니 구름 그림자가 차고 낙동강이 너르니 물빛이 푸르다.

"조실스님, 마을 농부에게 속은 것입니다."

"마을 농부는 나를 속인 것이 아니다."

"어찌 논 세 마지기를 파시고서 두 마지기 값만 받아오신단 말입니까."

혜월은 대중들 앞에서 주지를 나무랐다.

"논 세 마지기는 그대로 있고, 여기 두 마지기 값이 있으니 다섯 마지기가 아니겠느냐! 욕심 없는 승려의 장사는 이렇게 해야 한다."

이처럼 혜월은 욕심 없는 큰스님이었다. 비록 절 대중 스님들이 땀 흘려 일군 논이라 하더라도 불법의 울타리 안에서 어찌 내 논, 네 논이 있겠느냐는 것이 혜월의 생각이었다. 무엇이든 인연 따라 잠시 내 것으로 사용하다가 때가 되면 네 것으로 돌려줄 뿐이었다. 내 것은 말할 것도 없고 원래 나도 없는 것이 불법이기 때문이었다.

또한 내원사는 오십대 중반에 출가한 늦깎이 추금이 정진했던 도량이다. 특히 일타의 속가 외할아버지였던 추금은 자신이 가는 날을 정해놓고 장작에 불을 지펴 부처님께 소신공양했던 스님이다. 자신의 신심을 나타내는 데 이보다 더 적극적인 방편이 있을까. 나의 형상이라고 할 수 있는 오온이 다 실재하지 않는다는 《반야심경》의 오온개공五蘊皆空을 사무치게 깨닫지 못하고서는 불가능한 일이었다. 내 몸도 본래의 내가 아니라는 것을 깨달았기 때문에 가능했을 터이다.

  나는 잠시 추금의 자화장송子火葬頌을 떠올리며 사색에 잠겨본다. 발심하여 진리를 깨닫는 데는 나이와 상관없는 일인 것 같다. 법랍이니 안거니 하는 것은 숫자에 불과하지 않을까 싶다. 오십대 중반에 출가하여 득도한 추금이 남긴 열반송을 보면 주인공이 된 대장부의 기개를 느낄 수 있는 것이다.

> 선자船子 화상은 수장水葬을 택하였으나
> 나는 도리어 화장을 택하노라
> 물과 불이 비록 서로 다른 듯하나
> 하나도 아니요 둘도 아니니라
> 까마귀와 까치는 서산에 울고
> 서산에는 해가 기울고 있도다
> 이 몸은 본래의 나가 아니기에
> 때가 되어 이제 떠나는 것일세
> 가히 우습고 우습도다, 대장부 남아여
> 이와 같이 나는 허깨비를 짓고 가노라

  도를 닦고자 양쯔강에서 뱃사공이 되어 숨어 살았던 중국의 선자 덕성선사德誠禪師가 수장을 택한 것에 비해 자신은 자화장을 하노라는 게송이다. 수장하면 나무도 절약되고 땅을 팔 일도 없다며 강으로 배를 타고 나가 물속에 뛰어들어 자취를 감춘 도인이 바로 선자 화상이었다.

그러나 태고사 조실로 있던 추금은 수장이나 자화장이나 마찬가지라며 점심공양 무렵에 이르러 자신이 쌓아놓은 장작더미에 불을 붙였다. 동쪽 하늘에 검은 연기가 치솟는 것을 보고 태고사 대중들이 달려갔을 때는 이미 추금은 장작불 속에 천화하고 없었다. 추금이 남긴 법향法香만 떠돌고 있을 뿐이었다.

누가 예나 지금이나 변치 않은 불법을 아는가

경봉은 젊은 시절에 인연을 맺었던 도량인 까닭에 오도悟道한 후에도 유난히 내원사를 자주 찾아 법문을 했다. 경봉이 남긴 《삼소굴 일지》 중에서 1948년 7월 13일자 일기를 보면 비 오는 날인데도 불구하고 내원사로 가 그곳 선중禪衆에게 법문했다는 기록이 있다. 성철에 의해 귀에 익은 이른바 '산은 산 물은 물' 법문이다. 그때 벌써 경봉이 '산은 산 물은 물' 법문을 했다는 것이 흥미롭다. 법문의 첫머리는 경봉 자신이 30년 전에 내원사 주지로 부임했던 사실부터 밝히고 있다.

「30년 전에 마음이 곧 부처라는 생각으로 천성산에 들어오니 산은 산이요, 물은 물이더라. 20년 전에 마음도 아니요 부처도 아니라는 생각으로 천성산을 보니 산이 산이 아니요 물도 물이 아니더니 오늘 마음과 부처에 관심 없이 떡과 밥을 배불리 먹고 천성산을 보니 산은 산이요 물은 물이더라.
　이 셋 가운데 어떤 것이 옳은가.

　천성산이여, 청산이 높고 높으며
　흐르는 물이여, 녹수가 잔잔하도다.
　흰 구름이여, 비가 부슬부슬 내리고
　녹음이여, 산새가 지저귀도다.

　선덕禪德들에게 맡기노니 머리를 돌이켜 잘 볼지어다.
　천성산이 깊으니 구름 그림자가 차고 낙동강이 너르니 물빛이 푸르다. 주장자를 한 번 치다.」

　내원사에 본격적으로 비구니 선객들이 들어와 정진한 때는 6·25 전쟁 이후인 것이 분명하고, 경봉은 내원사 조실로 추대되어 결제와 해제법문을 하러 다녔던 것 같다. 또한《삼소굴 일지》에는 1957년, 경봉이 66세 때 내원사 주지 수옥守玉 비구니 스님이 전쟁 중 폐

허가 된 내원사 가람을 새로 짓고 나서 그 소회를 시詩에 담아 보이자 경봉도 시로써 격려하는 내용이 기록돼 있다.

    확연히 쇄락한 곳에 무위무사객이
    어떤 인연으로 천성산에 살게 되었는지
    사업이 인연 따라 성취되니
    소박한 마음 도처에 한가롭네
    廓落無爲無事客
    緣何樓居聖山間
    由來事業隨緣就
    素朴胸襟到處閑

    절개 지켜 닦은 마음 옥같이 맑은데
    옛 절터 천성산에 새로 절 지었네
    도의 광명 지혜의 덕 깊이가 바다인 듯
    일을 기필코 이룩하니 뜻이 한가롭네
    守節修心淸似玉
    古庵新築古山間
    道光智德深如海
    事必成功意自閑

내원사 복원이 경봉을 얼마나 감동시켰는지 경봉의 시에 잘 나타나 있다. 무위무사(도인의 경지)를 지향하는 선객 수옥의 가람 중창 의지도 잘 드러나 있다. 한편 수옥은 도량수호의 의지도 비구 못지않았지만 경봉 스님에게 자신의 시상을 정리하여 보낼 정도로 문재文才도 뛰어났던 것 같다. 요즘에는 찾아볼 수 없는 격조와 절제가 분명하다. 시詩란 절에서 오가는 침묵의 언어이다. 이심전심의 향기다. 시로 마음을 주고받는 그분의 고결한 인품을 추념하는 마음으로 《삼소굴 일지》에서 찾아 한두 편 조용히 읊조려본다.

경봉 스님이 새해를 맞아 당신의 가풍을 따르고 있는 수옥 스님에게 먼저 봄기운 같은 덕담을 보낸 것 같다.

봄이 오고 봄이 가고 봄이 또 왔네
꽃 피고 새 우니 이 또한 봄일세
만고의 봄빛을 누가 아는가
천성산 수옥이 향기로운 봄과 같네.
春來春去又來春
花笑鳥歌是亦春
萬古春光何者識
聖山守玉似香春

내원사 요사 • 비구니 선객들의 흔적이 곳곳에 남아 태고의 봄소식을 전하고 있다.

봄 춘春자를 무려 여섯 번이나 넣어 읊조린 경봉 스님의 시다. '만고의 봄빛을 누가 아는가'는 '누가 예나 지금이나 변치 않은 불법을 아는가' 정도로 이해하면 될 것 같은데 그대는 지금 어떠한가 하고 수옥 스님에게 넌지시 되묻고 있다. 그러자 수옥 스님도 봄 춘春자로 운韻을 맞추어 경봉 스님의 물음에 답하는 시를 보낸다.

광음은 빨라 어느덧 봄을 맞으니
새것은 오고 묵은 것은 가나니 자연스런 봄입니다.
기이한 꽃은 청춘의 빛 변치 않고
괴상한 새는 항상 태고의 봄소식 전합니다.
倏忽光陰又迎春
新來舊去自然春
奇花不變靑春色
怪鳥常傳太古春

그런데 수옥 스님은 단명했다. 환갑을 넘긴 지 몇 년 되지 않아 입적하고 만 것이다. 문도들이 유명을 달리한 스승을 아쉬워하며 입적 보름쯤 뒤에 스님의 유고 시집을 발간하는바, 경봉 스님이 다음과 같은 권두언을 남기고 있다. 굳이 이 지면에 권두언을 인용하는 까닭은 내원사를 중건한 업적 말고도 수옥 스님이 일본의 한 대

학에서 과학을 전공한 과학도였다는 행적과 시집을 남길 만큼 시작
詩作을 틈틈이 했던, 만고의 봄빛을 닮은 청춘의 시인이었다는 사실
을 불제자이자 글을 쓰는 후학으로서 남기고 싶어서다.

「천성산 내원사 주지 수옥 비구니에 대하여 한 구절 말을 쓸 것은
비구니 몸으로서 해외에 가서 고등학부의 과학을 배우고
또 금강산에 들어가서 참선도 여러 해 고심하여 수행하였으며
비구니 강사가 되어 교육계에 있어서 비구니계에 사표가 되었으며
다른 사찰에도 가람을 중건한 일이 있고
천성산 내원사는 남방제일선원인데
6·25 사변 당시에 소진되어서 중건할 사람이 없었다.
그 당시에 수옥 비구니가 주지로 취임하여
적수공권赤手空拳으로 이곳에 와서 7, 8년간 천신만고를 당하며
이 절을 중창하느라
편히 있지도 못하고 불행히도 세상인연이 부족하여 천화된 오늘에
문도가 시집을 발간하는 책자에 그간 고생한 사정을
내가 위곡委曲히 잘 알므로
이 권두의 말을 두어 자 기여記餘하는 바이다.」

문장이 만연체이므로 읽기가 쉽지 않아 내가 임의로 행을 갈라보

앉는데, 경봉 스님께서 마침표가 있는 산문을 쓴다기보다는 쉼표만 있는 시를 읊조리는 기분으로 붓을 들었다가 놓으신 것 같다. 어쨌든 이 한 편의 권두언이 남아 있으므로 수옥 비구니 스님이 어떤 분이었는지 어렴풋이 짐작할 수 있지 않을까 싶다. 뒷사람을 위해 눈길을 어지럽게 밟지 말라는 금언이 있지만 수옥 스님이야말로 바르게 발자국을 남긴 비구니계의 멋들어진 선각자였다는 생각이 든다.

  그러고 보면 지금 내가 마시는 이 한 모금의 우물물도 일찍이 내원사를 여법하게 중창한 수옥 스님의 덕화일 터이다. 우물을 향해 합장하고 보니 결코 한 모금의 물도 가볍지 않다. 수옥 스님이 내원사 도량신道場神으로 화현해 나를 지켜보고 있는 것 같다.

적막은 나를 깨어나게 하는 각성제다. 육조 혜능 스님이 자신의 입적을 예견하고 대중에게 이별을 고하며 '잎이 떨어져 뿌리로 돌아가나니 올 때는 잎이 없었느니라'라고 한 말씀이 떠오른다. 죽음을 뛰어넘는 위대한 선사이기 이전에 죽음을 눈앞에 둔 한 인간으로서 생사生死의 고독한 자리를 직설하신 듯하다.

극락암 삼소굴은
경봉 스님의 가사장삼이다

물은 어려운 굽이를 만날수록 더욱 힘을 낸다

가을 숲이 절하듯 몸을 낮추고 있다. 나무들은 잎을 떨어뜨리며 겨울을 나기 위해 몸무게를 줄이고 있다. 하늘은 그윽하게 텅 비워지고 숲은 더 겸손하게 키를 낮추는 가을이다. 가을은 하늘과 숲, 모든 날것과 나무와 풀들이 본래의 자리로 귀의하고자 돌아가는 지심귀명례의 계절이다.

나는 구르는 낙엽을 앞세우고 극락암 가는 산길을 오른다. 이럴 때 낙엽은 나의 길잡이가 된다. 산길은 맑은 쓸쓸함으로 충만해 있다. 나는 나를 깨어나게 하는 산길의 적막이 좋다. 적막은 나를 깨어나게 하는 각성제다. 육조 혜능 스님이 자신의 입적을 예견하고 대중에게 이별을 고하며 '잎이 떨어져 뿌리로 돌아가나니 올 때는 잎이 없었느니라'라고 한 말씀이 떠오른다. 죽음을 뛰어넘는 위대

자장동천 • 반석을 가로지르는 개울물은 언제 보아도 원초적이다.
맨살과 맨살이 부딪치는 건강함이 넘친다.

한 선사이기 이전에 죽음을 눈앞에 둔 한 인간으로서 생사生死의 고독한 자리를 직설하신 듯하다.

극락암 가는 길의 초입에 흐르는 자장동천의 개울물을 보니 '친구와 함께 올 걸!' 하는 아쉬움이 든다. 반석을 가로지르는 개울물은 언제 보아도 원초적이다. 맨살과 맨살이 부딪치는 건강함이 넘친다. 나와 이웃의 근심 걱정까지도 함께 씻어줄 기세로 흐른다. 저 널따란 반석이 경봉 스님께서 도반들과 함께 시회詩會를 갖던 곳이다. 출가 전에 사서삼경을 이미 통달한 스님은 운율에 맞는 한시를 곧잘 읊조렸던 것이다. 그래서인지 스님은 한시를 짓고는 경봉이란 법호보다는 원광圓光이라는 시호詩號를 즐겨 썼다.

고등학교 동창이자 조그만 사업을 하는 친구인데 며칠 전에도 전화통화를 길게 한 적이 있다. 언제나 그 친구가 주로 얘기하고 나는 들어주는 입장이다. 나라살림의 전망이 점점 불투명해지는지 몹시 불안해하며 "삼십 년 동안 사업해왔지만 이처럼 갑자기 어려워지기는 처음이네"라고 하소연하며 마치 난파선을 탄 것처럼 다급하게 얘기를 쏟아냈다. 솔직히 내 삶도 힘들고 버겁지만 그때마다 나는 위로하는 배역을 맡는다. 나는 가족만 돌보면 되지만 친구는 몇십 명의 회사원을 책임져야 하기에 고통의 강도가 양적으로 다르다.

나는 자장암 밑으로 흐르는 자장동천으로 내려가 맑은 개울물을 본다. 문득 경봉 스님의 법문이 떠오른다. 이른바 '물의 법문'으로 극락암 경내 흰 바위에 새겨진 경봉 스님의 말씀인데, 실의에 빠진 친구에게 들려주고 싶은 법문이다.

> 사람과 만물을 살려주는 것은 물이다.
> 갈 길을 찾아 쉬지 않고 나아가는 것은 물이다.
> 어려운 굽이를 만날수록 더욱 힘을 내는 것은 물이다.
> 맑고 깨끗하며 모든 더러움을 씻어주는 것은 물이다.
> 넓고 깊은 바다를 이루며
> 많은 고기와 식물을 살리고 되돌아가는 이슬비
> 사람도 이 물과 같이 우주 만물에 이익을 주어야 한다.

특히 나는 낙담하고 있는 내 친구에게 '어려운 굽이를 만날수록 더욱 힘을 내는 것은 물이다'라는 구절을 들려주고 싶다. 물은 웅덩이를 만나면 넘쳐흐를 때까지 기다릴 줄 안다고 했다. 어려운 상황을 맞이한 이들에게 들려주고 싶은 물의 지혜이다. 힘이 모자랄 때는 넘칠 때까지 시절인연을 기다려야 한다. 세상의 모든 이에게 자장동천의 바윗돌을 휘돌아 흐르는 저 개울물을 보여주고 싶다. 저 차디찬 개울물을 이마에 끼얹으며 정신을 바짝 차리고 싶다. 나를 녹슬게 하는 타성에서 벗어나고 싶다.

그렇다. 세상이 아무리 천변千變하고 만화萬化한다 하여도 결코 자기 자신을 잃어서는 안 된다. 본래 부처인 자기 자신만큼 소중한 것은 없기 때문이다. 부처님도 보리수 아래서 정각을 이루신 뒤, 우루벨라(고행촌)로 가시는 도중에 어느 숲 속에서 젊은이들에게 자기 자신이 가장 소중하다고 말씀하신 적이 있다.

   부처님께서 숲 속 나무 아래서 좌선하고 계실 때였다. 한 청년이 유녀遊女를 찾고 있었다. 부부동반으로 나들이 나왔다가 자신은 아내가 없어 유녀를 구해 데리고 왔는데, 그 유녀가 젊은이들의 귀중품을 가지고 도망쳤던 것이다. 부처님께서는 그 청년의 얘기를 듣고는 "젊은이들이여, 유녀를 찾는 것과 자기 자신을 찾는 것 중 어느 쪽이 더 중요하겠는가"라고 물었고, 비로소 젊은이들은 자기를 찾는 일이 가장 중요하다는 것을 깨달았다는 이야기다.

이 마음을 못 보면 한갓 꿈속의 잠이로구나

삼소굴三笑窟은 언제 보아도 선풍도골仙風道骨의 존재감이 느껴진다. 극락암의 심장 같은 곳으로 아직도 경봉 스님의 기운이 서려 있다. 비록 세 칸에 지나지 않는 작은 집이지만 우주만큼이나 넓게 다가온다. 경봉 스님의 가르침이 훈습된 때문일까. 경봉 스님은 삼소굴에 대해서 다음과 같이 말씀하신 적이 있다.

   "삼소는 과거 현재 미래의 미소인 삼세소三世笑와 과거 현재 미래

산정약수비 • 갈 길을 찾아 쉬지 않고 나아가는 것은 물이다.

의 꿈인 삼세몽三世夢을 초탈한 뜻을 간직하고 있다. 누군가가 삼소의 깊은 뜻을 알고자 한다면, 야반삼경에 촛불 춤을 볼지니라."

영원한 미소와 꿈을 초월한 경계가 삼소란 말인데, 그것을 깨쳐 알고자 한다면 한밤중에 촛불이 춤추는 것을 보라고 한 것이다. 스님이 체험한 이 말씀도 이른바 화두이다. 우리들이 듣기에는 다소 어리둥절한 이야기지만 경봉 스님으로서는 용맹정진하여 체득한 지혜를 말씀한 것이리라.

경봉은 2년 만에 내원사 주지를 그만두고 통도사로 돌아온다. 도반들이 함께 정진하자고 불러서 내원사를 떠났다. 다음날 바로 경봉은 통도사 보광선원으로 들어간다. 보광선원에서는 경봉의 도반 보우가 죽비를 들고 후배 선객들을 지도하고 있었다. 보우 역시 경봉처럼 자애롭고 시인묵객의 기질이 강한 선객이었다. 하안거가 끝나갈 무렵 해제를 며칠 앞두고 보우가 경봉에게 말했다.

"경봉 수좌, 통도사에 없는 것이 하나 있네."

"무엇이 없다는 말인가."

"염불당이 없네."

"염불당을 만들어서 무엇 하려고."

"시주금이 모아지면 오갈 데 없는 노인이나 병자를 구제할 수 있지 않겠나."

통도사 주지도 찬성했다. 요양시설이 드물었던 당시에는 어디를 가나 길거리에 떠돌이 병자들이 많았던 것이다.

"좋은 취지이니 반드시 성공할 걸세. 장소는 통도사에서 최고의 명당으로 치는 극락암으로 하게."

이와 같이 경봉은 도반 보우의 권유로 염불당을 개설하기 위해 극락암과 인연을 맺는다. 그러나 염불당 창설문제는 며칠 만에 시들해지고 만다. 보우가 믿었던 보살이 시주를 하지 않고 연락을 끊어버렸던 것이다. 경봉과 보우는 낙심한 채 극락암에서 통도사로 내려오고 만다.

그러나 경봉은 잡초 속에 폐사처럼 버려진 극락암이 자꾸만 부르는 것 같아 갈등을 느낀다. 한밤 꿈속에서 극락암 부처님과 함께 뒹구는 꿈을 꾸기도 한다. 극락암 부처님이 경봉을 놓아주지 않는 꿈이었다. 꿈을 꾸고 난 다음날의 경봉은 극락암 부처님께 송구스럽기만 하여 하루 종일 마음과 머리가 무거웠다. 결국 경봉은 꿈속에서 극락암 부처님이 자주 나타나자 혼자서라도 염불당을 추진하기로 결심한다.

통도사 주지의 허락을 받은 경봉은 통도사에서 염불당 개설을 위한 모금을 시작한다. 스님들이 공양 때 먹고 남은 양식을 모으고, 노전에서 염불을 지휘하는 인두引頭라는 직책을 맡아 시주금을 받고 모연문을 만들어 돌린다. 이윽고 나락 50섬이 모이고, 논 1만 2천

극락영지 • 내가 나를 온갖 것에서 찾았는데 눈앞에 바로 주인공 나타났네.

평이 마련되자 극락암 부처님은 경봉의 꿈에 더 이상 나타나지 않는다.

마침내 경봉은 34세 되던 해에 극락암에 만일염불회를 개설하고 회장을 맡는다. 그때가 1925년 3월 10일이었다. 경봉은 바로 그날부터 1만 일 동안의 염불에 들어갔는데, 날짜를 헤아려보니 장장 27년 4개월이 지나야 회향할 수 있었다.

훗날 경봉은 이때의 체험을 이야기하며 제자들에게 염불에는 세 가지가 있다고 말한다.

"칭명염불稱名念佛은 입으로 부처님을 칭송하는 것이고, 관상염불은 고요하게 앉아 부처님의 상호공덕相好功德을 생각하는 것이고, 실상염불實相念佛은 부처님의 법신이 있는 것도 아니요, 공한 것도 아닌 중도실상中道實相을 관하는 것이다."

경봉은 36세 되던 1927년 12월 7일에는 대중에게 설주說主가 되어 《화엄경》을 설하는 화엄산림법회도 연다. 첫째 날에는 화엄산림법회의 취지를 말하고, 둘째 날부터 실제적인 법문을 한다. 초겨울 비가 아침부터 흩뿌리고 있었다. 암자 마당에 뒹굴던 낙엽들이 빗물에 떠밀리다가 고랑을 타고 사라져 갔다. 제법 많은 양의 비가 내리고 있어 춥고 을씨년스러운데도 법당 안은 법회의 열기로 충만했다. 통도사에서 신도들이 몰려왔고, 산내암자 스님들이 미리 와 있었던 것이다.

경봉의 일과는 빈틈이 없었다. 타고난 체력으로 버텼다. 낮에는 대중을 상대로 화엄산림법회와 염불회에서 법문하고, 밤이 되면 홀로 좌선삼매에 들었다. 이미 수면과 졸음을 털어버린 상태였다. 한 순간에 자신의 몸 가득히 화두가 채워지자 자신과 한 몸이 되어 오직 화두 하나만 독로獨露할 뿐이었다.

1주일 후, 바람 한 점 없는 새벽 2시 반 경이었다. 별이 흐르는 소리마저 들릴 정도로 삼소굴 안팎이 고요하고 적막한데 갑자기 촛불이 춤을 추었다. 다급하게 소리 내며 일렁였다.

파파파파.

좌선삼매 속에서 선열에 깊이 잠겨 있던 경봉은 무릎을 치며 자리를 박차고 일어나 허공을 향해 큰소리로 웃어젖혔다. 화두는 온데간데없고 바로 그 자리에 지금까지 찾아 헤맸던 자성自性이 드러나 있었다. 그 자성은 그동안 찾았던 본래의 자기였다. 무심無心이란 우담화優曇華였다. 경봉은 오도의 노래를 터뜨렸다.

내가 나를 온갖 것에서 찾았는데
눈앞에 바로 주인공 나타났네.
허허 이제 만나 의혹 없으니
우담바라 꽃 빛이 온 누리에 흐르네.

我是訪吾物物頭

目前卽見主人樓

呵呵逢着無疑惑

優曇華光法界流

경봉은 오도하고 나서 극락영지極樂影池 주위를 미친 듯 빙빙 돌았다. 영지는 살얼음이 끼어 달빛에 번뜩거렸다. 경봉의 웃음소리에 대중 스님들은 가까이 다가서지 못하고 지켜보기만 했다. 경봉은 솟구치는 법열에 덩실덩실 춤을 추고 있었던 것이다.

나는 극락영지 수면에 비친 내 얼굴을 본다. 초겨울이라 반사하는 빛살도 차갑다. 연못에는 마른 수련 잎이 지난여름의 잔해처럼 몇 개 떠 있다. 앙상한 감나무 가지가 그물처럼 그림자를 드리우고 있다. 꿈속의 그림자에 갇혀 있다가 주인공의 실상實相을 보았으니 그 법열이 얼마나 컸을까.

본래의 자기를 찾았으니 그 기쁨이 얼마나 컸을까! 그때 경봉 스님은 극락암 대중들이 법당에 모이자 이렇게 외쳤다고 한다.

"아, 그대들은 눈을 뜨고 있으나 뜨고 있는 것이 아니구나. 이 마음을 못 보면 한갓 꿈속의 잠이로구나. 아미타불을 어찌 멀리서 구하는가. 이름도 나와 같아 눈앞에 있는 것을."

선禪은 차茶를 먹은 양만큼 된다

극락암 선원장이신 명정 스님의 배려로 나는 삼소굴에서 하룻밤을 허락받는다. 명정 스님은 차를 짜게 드시는 것으로 유명한 분이다. 다관에 녹차를 거의 반 정도 들이붓고 찻물을 넣어 우리니 짠맛이 나는 것이다. 다인들 사이에서 사용하는 '짜다'는 말은 '진하다'라는 말의 은어인데, 명정 스님이 짜게 마시는 습관은 젊은 날 선객으로 돌아다닐 때부터였던 것 같다. 참선 중에는 한두 잔 마실 수밖에 없는 짧은 방선放禪(휴식)이 주어지기 때문에 그런 차생활이 습관화된 듯하다. 스님이 남긴 〈한 잔의 차는 선가의 살림살이〉라는 제목의 글에서도 확인할 수 있다.

'음산하게 흐리고 눈이 올 듯한 날이면 더러는 잠이 부족하고 피곤할 때가 있다. 그 상태에서 정신 집중이 순일하게 될 턱이 없다. 그러할 때가 바로 일완청다一椀淸茶, 한 잔의 차를 음미할 절호의 기회이다. 포행布行 10분이라는 짧은 순간이지만 끓여놓은 물에 차를 듬뿍 넣어 한 잔 마시기엔 그다지 서둘지 않아도 된다.'

지금도 명정 스님께서는 선객으로 선방을 다닐 때와 같이 다관에 차를 듬뿍 넣은 뒤 우려 마시곤 하는 것이다. 어쩌면 그렇게 마시는 방법이 차의 효능을 극대화시키는 것인지도 모른다. 마침 스님의 글은 차의 효능을 이야기하고 있다.

'한 잔의 차가 어떠한 역할을 하는지 바로 알 수가 있다. 흐릿하고 늘어질 대로 늘어진 의식과 신경이 금세 활기차지고 뭔지 모르게 몸 전체가 팽팽하고 가득 채워지는 그런 것을 느낀다.

대개 좌선 중에 제일 힘든 것이 피곤할 때 흐리멍텅하게 졸음이 온다거나 온갖 잡념에 시달리는 일이다. 이때 한 잔의 차를 마시면 졸음과 잡념이 씻은 듯 가셔지고 초롱초롱하게 화두일념 선정삼매에 빠져든다.'

내가 명정 스님의 〈한 잔의 차는 선가의 살림살이〉라는 제목의 글을 인용한 까닭은 스님이 다도의 대가로서 《다경茶經》 몇 줄 읽고 말씀하시는 것이 아니라 평생 다인으로 살아오면서 체득한 생생한 지혜를 말씀하시고 있기 때문이다. 내가 과문한지는 몰라도 '선禪은 차茶를 먹은 양만큼 된다'고 단언할 수 있는 선방의 노선객은 실제로 명정 스님 외에 이제는 몇몇 분밖에 없는 것이다.

언제였는지 잘 기억이 나지 않는다. 그만큼 극락암을 자주 찾아가 명정 스님을 뵈었다는 증거다. 어느 날 스님은 문득 내게 당신의 출가 얘기를 들려주셨는데, 그때의 메모를 다시 꺼내본다.

"내가 해인사에 입산했을 때는 1950년대 말이었습니다. 17세에 김포를 떠나 해인사로 갔지요. 그때 해인사에는 노스님들이 여러 분 계셨는데 금봉, 응선, 고봉 같은 분들이었지요. 당시 퇴설당 선방에는 10여 명이 있었고 입승은 덕현 스님이었습니다. 광채 나는 눈빛으로 후원에 와서 손가락질하며 애매모호한 표현을 하던 덕현

극락암 삼소굴 • 별이 흐르는 소리가 들릴 만큼 삼소굴 안팎은 고요하고 적막하다.

스님의 모습이 아직도 잊혀지지 않습니다. 공부가 무르익어 그랬는지 뒤에 경봉 스님께서도 덕현 스님의 견처見處를 관심 있게 보시는 것 같았습니다. 그해 겨울에는 법정과 고은 수좌도 안거를 하고 있었습니다. 고소밭에서 고소를 뜯고 있을 때 "송장 끌고 다니는 놈이 누고" 하며 나에게 애정을 보여준 연산 스님도 계셨는데, 그 스님은 나에게 경봉 스님을 소개해주신 고마운 분입니다. 아무튼 나는 18세에 야반도주하여 삼소굴로 왔지요. 그때 경봉 스님의 연세는 69세였습니다. 노스님이었지만 풍채가 당당했지요."

돋보기 무테안경을 쓰고 있던 경봉은 어린 명정을 자상하게 맞이해주었다. 손도 만져보고 어깨도 두드려보고 집안 사정도 시시콜콜 물으며 어린 명정의 마음을 훈훈하게 해주었던 것이다. 어린 명정은 경봉의 그런 태도에서 이런 속내를 읽을 수 있었다.

'이놈아가 와 이제 왔노.'

도인 스님에 대한 경외심으로 말 한마디 꺼내지 못하고 있는 어린 명정에게 경봉 스님은 과분한 덕담을 해주었다.

"니는 전생에 많이 닦았으니까 이승에서는 조금만 더 닦으면 되겠다."

며칠 후에는 어린 명정에게 사미계를 내렸다. 명정은 일진一眞과 함께 경봉 스님 앞에 나아가 무릎을 꿇었다. 그런데 경봉 스님의 첫마디는 비로소 석가모니 부처의 후예가 된다는 자부심에 부풀어 있던 명정에게는 놀랍고 실망스러운 것이었다.

"나 경봉은 천하가 다 아는 대처다."

사미승이 된 명정과 일진은 아무 대꾸도 못하고 고개를 푹 숙이고만 있었다. 일진은 놀라는 표정이라도 지었지만 명정은 보릿자루처럼 가만히 웅크리고만 있었다. 나중에 중물이 든 일진은 그 무렵의 경봉 스님을 흉내 내곤 하여 사람들을 곧장 웃길 만큼 장난기가 넘치곤 했다. 그날 명정이 경봉 스님에게 들은 법문은 이랬다.

「울산 태화강 건너편으로 사람들이 장을 보러 갔다. 그런데 돌아오는 길에 배가 뒤집히는 사고가 발생해 사람들이 많이 죽었다. 사고 소식을 들은 시아버지가 며느리에게 아범이 어찌 됐는지 알아보고 오라고 일렀다. 그러자 며느리가 자신 있게 말했다.

"아버님, 배에 탄 장꾼들이 다 죽어도 아범은 죽지 않습니다."

"그게 무슨 말이냐."

"저는 그 사람을 잘 압니다. 그 사람은 강물이 아니라 바다 한가운데 빠져도 살아 나올 사람입니다."

실제로 아들은 살아 돌아왔다. 아버지가 아들에게 자초지종 들어보니 과연 며느리의 이야기가 맞았다. 아들은 물살이 점점 빨라지는 것을 느끼고는 상투를 풀어 머리카락이 흐르는 반대방향으로 헤엄쳐 나왔다고 했다. 목숨이 경각에 달린 위급한 상황에서도 그 장꾼은 자신의 머리카락을 보고서 급류에 휩쓸려 죽지 않고 살아 나왔던 것이다.」

짧은 법문 끝에 경봉 스님은 사미승이 된 그들에게 이렇게 말하고서 마무리를 지었다.

"니들이 강물에 빠져서 머리카락이 흐르는 것을 보고 헤엄쳐 나올 정도면 대처帶妻든 취처娶妻든 상관없으니 중노릇 잘하면 그만인기라."

무엇에 집착하지 않고 걸림 없이 잘사는 도리를 깨달아 중노릇을 멋들어지게 하라는 법문이었다. 그물에 걸리지 않는 바람처럼 멋있게 사는 도리를 깨닫게 된다면 여자를 취하더라도 죽지 않고 술을 마시더라도 죽지 않는, 말 그대로 대자유인이 된다는 법문이었다.

삼소굴 왼편 골방에는 여전히 경봉 스님의 진영眞影이 봉안돼 있다. 불단은 아직 단청을 입히지 않아 목질이 그대로 드러나 있다. 나무 냄새는 좋으나 극락암의 궁핍한 살림살이가 느껴져 왠지 죄송하다. 나라도 기회가 된다면 고색 단청을 해드리고 싶다. 스님이 좋아하셨던 매화나무도 한 그루 단청 속에 넣고 싶다.

'언젠가 기회를 잡아 내가 해드려야지.'

진영 앞에서 엎드려 삼배하고 큰방으로 건너와 방바닥에 눕는다.

방바닥이 경봉 스님의 가슴 같다. 지친 나를 스님께서 안아주시는 것 같다. 어젯밤 뜬눈으로 밤을 새워서인지 졸음이 밀려온다. 편안하고 안락한 공간이다. 홀연히 영축산처럼 크나큰 경봉 스님의 마음이 보인다. 한순간에 경봉 스님의 칼칼한 가사장삼 속으로 들어와 있는 느낌이다.

솔바람 소리가 우-우-우 하고 들린다. 밤바다의 파도 소리 같다. 경봉 스님께서 모지랑 붓을 휘두르며 송도활성松濤活性이라고 일필휘지로 써 내리고 있는 듯하다. 문밖은 이미 먹물 같은 어둠이 다가와 있다. 경봉 스님께서 선필禪筆을 휘두르는 듯 묵향이 은은하게 번지는 밤이다.

밀양강.

밀密이란 그림자와 양陽이란 빛이 어우러진 강江이 아닐까 싶다. 강은 무봉사 스님들의 법열과 애환을 모두 다 지켜보았을 터. 사명대사 동상을 만들려다 좌절한 대월 스님의 눈물도 보고, 경봉 스님의 마음부처가 방광하는 것도 보았을 것이다. 또 사미승 원명이 겨울날 시린 손을 호호 불며 치는 소종小鐘 소리도 들었을 것이고. 그 모든 사연을 알면서도 침묵한 채 흐르는 강이기에 더 푸르고 그윽한지도 모른다.

무봉사 아래 밀양강이
더 푸르고 그윽한 까닭은?

너 알고 내 알면 됐지 딴 사람이 알아준들 뭐할 것이냐

밀양강 건너편 아동산에 자리 잡은 영남루와 무봉사를 바라본다. 대나무가 성성한 산자락이 밀양강 찬물에 그림자를 드리우고 있다. 낙엽이 진 초겨울이라 영남루 주변의 대나무들이 더 푸르다. 대숲의 푸른 빛깔 때문인지 진주 촉석루보다 더 또록또록 깨어 있는 풍경이다.

강변을 거닐다 보니 경봉 스님에게 출가했던 시명 스님이 생각난다. 통도사에서 시명 스님을 따라 밀양 무봉사를 난생 처음으로 들렀던 것이다. 벌써 십수 년 전의 일이다. 시명 스님이 애써 요사채에 피아노를 들인 창녕 삼성암으로 가는 길이었다.

아마도 그 무렵의 무봉사 주지스님은 시명 스님의 도반이었을 것이다. 시명 스님은 음대를 다니다가 경봉 스님을 은사로 출가한 성

악을 전공하던 스님인데 목소리가 아주 우렁차고 맑았다. 고등학교 시절에 성철 스님을 찾아갔다가 출가의 뜻을 이루지 못한 스님은 음대에 진학하여 이탈리아로 유학가려고 망설이다가 결국 입산했다고 내게 말한 적이 있다.

시명 스님이 무봉사를 들르자고 한 까닭도 그 스님의 염불 소리 때문이었던 것 같다. 시명 스님이 내게 '무봉사 스님이 염불을 한 번 하면 신도들이 모두 눈물을 흘린다'고 소개했던 것이다. 그러면서 시명 스님은 그 스님의 속가가 전라도이고 판소리를 듣고 자라 염불을 잘하는 것이라고 평했다.

그런데 나는 그 스님의 염불 소리는 듣지 못하고 무봉사를 떠나야 했다. 대신 시명 스님으로부터 경봉 스님의 상좌에 대한 얘기를 들었다. 경봉 스님의 상좌는 많았지만 그중에서 효孝가 지극했던 서너 명의 상좌를 꼽자면 광복 전의 벽안碧眼, 6·25 전쟁 중에 만난 원명圓明, 그리고 1960년에 경봉의 제자가 되어 1970년대부터 지금까지 극락암에 주석하고 있는 명정明正, 1964년에 경봉을 찾아와 출가한 현재 통도사 주지인 원산圓山 정도였다. 벽안이 출가하기 이전의 상좌들은 대부분 환속하거나 다른 문중으로 들어가 버렸기 때문에 다른 고승에 비해 상좌가 적은 편이었다.

특히 벽안에 대한 경봉의 신뢰는 대단했다. 경봉과 세속나이로 아홉 살밖에 차이 나지 않는 벽안은 통도사 부근의 면사무소 직원

출신으로 광복 전에 경봉의 제자가 되었는데 말 그대로 다방면에 재주가 출중한 팔방미인이었다. 면사무소에서 닦은 깔끔한 행정 능력에다 농사일까지 능수능란했다. 심지어 바느질까지 잘하여 상좌가 들어오면 솜씨 좋은 아낙네처럼 손수 장삼을 만들어 입혔다. 그래서 경봉은 팔방미인인 벽안을 대중 앞에서 '감자중'이라고 불렀다. 감자는 체한 기가 있을 때 생즙으로 먹으면 소화제가 되고, 익히면 음식과 반찬이 되고, 썩어도 물에 담가두었다가 풀로 쓸 수 있는, 말하자면 하나도 버릴 게 없는 먹을거리이기 때문이었다. 결혼하여 늦게 출가했지만 벽안은 타고난 성실성과 다재다능한 재주로 통도사 안팎에서 탁월한 수완을 발휘했다.

　게다가 스승을 흠모하는 벽안의 지극한 태도는 통도사에서 전설이 되었다. 경봉이 팔십이 넘어 기력이 쇠해지자, 벽안 자신도 칠순을 넘긴 나이임에도 불구하고 찬바람이 쌩쌩 몰아치는 날은 물론이고, 자신의 몸이 편치 않은 날에도 매일 오조장삼을 걸치고 통도사 적묵당에서 10여 리 길을 걸어 올라와서 극락암 삼소굴의 경봉에게 문안인사를 올렸던 것이다. 하루는 경봉이 "벽안 수좌, 나이도 있고 하니 그만 다니시게" 하고 만류했지만 소용없었다.

　한편 원명이 경봉을 만나게 된 것은 6·25 전쟁이 인연이 됐다. 원명은 15세에 밀양 무봉사에 출가하여 중물을 들이고 있었는데, 서울 선학원에 볼일을 보러 갔다가 전쟁이 발발하여 오도 가도 못

무봉사(오른쪽)와 영남루(왼쪽) • 무봉사의 애환을 모두 지켜보았을 밀양강이 대나무보다 더 푸르다.

하게 된 경봉이 밀양 손씨들의 도움으로 함께 밀양까지 내려와 무봉사에 머물렀던 것이다.

  그 당시 무봉사는 대웅전과 대중스님이 머무는 요사 한 채뿐이었다. 그러나 무봉사는 어느 큰절 못지않게 많은 스님들이 드나들었다. 젊은 선객들은 경봉을 찾아 수행의 길을 물었다. 그때 무봉사에서 경봉을 시봉한 이가 바로 사미 원명이었다. 눈썹이 유난히 짙은 그 사미가 훗날 통도사 방장이 될 것이라고 생각한 사람은 아무도 없었다.

  강을 건너 절이 있는 곳으로 왔으니 차안에서 피안에 이른 느낌이다. 승용차를 영남루 아래 골목길에 세운다. 더 올라갈 수도 있겠지만 무봉사까지 느릿느릿 걷고 싶다. 예전에 없던 산문이 보인다. 경봉 스님이 포행하던 이 산기슭 길을 지금 내가 오르고 있다고 생각하니 이 일도 인연인가 싶어 감회가 크다. 산문의 오른쪽 두 개의 주련 구절은 우주의 철리를 노래하고 있는 듯하다.

  사해의 물결 평온하니 용이 편하게 잠들고
  구천의 구름 고요하니 학이 높이 나는구나.
  四海浪平龍睡穩
  九天雲靜鶴飛高

인간을 소우주라고 하니 우리 마음이 바로 사해의 물결이고 구천의 구름이 아닐 것인가. 마음이 평온하고 고요하면 편하게 잠들고 높이 날지 못할 바 없을 테니 바로 이러한 경계가 깨달음의 경지가 아닐까 싶다. 갑자기 산문을 들어서는 내가 초라해진다.

더구나 경봉 스님을 시봉하던 그 사미가 지금의 통도사 방장스님이라고 하니 발걸음이 조심스러워진다. 우리를 놀라게 하는 우연이란 필연이 연출한 모습이라고 했던가. 이 세상의 모든 일은 인연으로 맺어졌다가 흩어질 뿐이다. 어리석은 우리들이 보지 못하고 느끼지 못할 뿐인 것이다. 올봄에 누군가가 보내준 원명 방장스님의 '立春大吉'이란 글씨가 내 산방의 부엌문에 붙어 있는 것도 묘한 인연이다.

원명 스님을 처음 뵌 것은 내가 경봉 스님의 일대기 소설을 집필하기 위해 취재하던 때였다. 어느 겨울날이었다. 원명 스님이 주석하시던 비로암을 오르는데 눈이 내리고 있었다. 극락암과 비로암은 지척의 거리였지만 내 어깨에는 눈이 쌓였다. 그날의 풍경과 사연을 복기해보니 다음과 같이 떠오른다.

원명 스님의 첫인상은 강직했다. 짙은 눈썹과 카랑카랑한 목소리가 율사 같은 느낌을 주기도 했다. 그러나 언뜻 흘리는 미소 뒤에는 자애로운 할아버지 같은 모습도 느껴졌다. 내가 "스님께서 무봉사에서 사셨다는 얘기를 들었습니다" 하고 말하자 금세 친근한 얼굴로 미소를 띠었던 것이다.

"아니, 내가 무봉사에서 살았다는 것을 어떻게 알았소."

"경봉 큰스님의 상좌 분에게 들었습니다."

"맞아요, 무봉사는 내게 고향 같은 절이오. 1951년 내 나이 열다섯 살, 음력으로 4월에 무봉사로 갔지요. 그때 주지스님은 62세 진갑을 맞은 대월大越 스님이었어요. 처음 가보니까 사명 스님 동상을 만들고 있었어요. 좌대 너비는 어른 다섯 사람 정도가 팔을 벌린 정도였고, 높이는 30자 정도였어요. 3년 동안 진흙으로 다섯 토막을 만든 후 석고를 부었어요. 그런데 석고는 완성됐지만 전쟁 후 비구 대처 싸움이 심해 중단되고 말았지요. 대월 스님은 대처 편에서 싸우면서도 시골로 돌아다니며 화주와 징 깨진 것, 놋그릇 등을 여러 차례 모았고 완성된 석고 다섯 토막을 서울로 보냈는데 그후 어찌 됐는지 몰라요."

피난 왔던 경봉 스님도 영남루 앞에 사명 스님 동상이 서 있다면 부산 서울을 오가는 기차에서 수많은 사람이 사명 스님을 볼 수 있었을 텐데, 하며 아쉬워했다고 덧붙여 얘기했다. 나는 동상 얘기보다는 경봉 스님에 대한 얘기를 듣고 싶어 화제를 돌렸다.

"큰스님 법문 중에 어떤 것이 기억나십니까."

"난 노장님 회상에서 특별히 법문 들은 것은 없어요. 원주로 살면서 극락암 선방 외호만 했으니까. 전생에 노장님에게 빚이 많아 그 빚 갚고 산다는 생각밖에 없었어요. 다만, 하나 있긴 해요. 나에게는 최고의 법문이었어요. 원주생활이 빛도 안 나고 내 공부 좀 하고 싶어 노장님께 '스님, 제가 좀 쉬어야겠습니다' 하고 말했어요. 그러니까 노장님께서 '선방 원주를 하려면 팔지보살이 아니면 못한다'고 그러셨지요. 그러시며 나를 인자하게 한동안 쳐다보시더니 '니 알고 내 알고 삼세제불이 알면 됐지 딴 사람이 알아준들 뭐할 것이노. 그러니 알아주느니 못 알아주느니 하지 말고 더 참고 하그래이' 하시는 거라요. 중생이 알면 뭐하겠느냐는 말씀인데 이보다 멋진 법문이 어디 있겠소."

원명 스님은 크게 웃고 난 뒤 시자에게 지필묵을 꺼내 먹을 갈게 하더니 모지랑 붓에 먹을 묻혀 일필휘지로 써 내렸다.

'瑞氣滿堂'

서기만당, '상서로운 기운이 가득한 집'이라는 뜻의 네 글자였다. 당신의 은사스님의 일대기를 소설로 쓴다고 하니 격려 차원에서 휘호를 주신 듯했다. 물론 당시는 방장스님이 되시기 전으로 비로암에 계실 때였다. 스님이 출가한 절 무봉사 무량문無量門에서 다시 스님을 생각하고 있다니 헤아릴 수 없는 무량한 인연이 씨줄과 날줄로 엮이는 느낌이다.

무봉사 무량문 • 헤아릴 수 없는 무량한 인연을 되돌아보게 하는 문이리라.

작은 불공, 큰 불공을 넘어 참 불공을 하라

법당에 보살 두 분이 불공을 올리고 있다. 촛불 조명이 은은한 불단 가운데에는 쌀이 담긴 소담스런 봉지가 놓여 있다. 나는 복전함에 늘 하던 액수대로 넣고 나온다. 어느 날부터인가 나는 복을 달라고 빌지 않는 자신을 발견했다. 나를 불문으로 귀의하게 한 부처님께 용돈(?)을 드린다는 마음으로 복전함을 이용하고 있다고나 할까. 무엇을 축원하고 빌지 않으므로 법당을 나서면 나는 금세 잊어버린다. 부모님 지갑에 용돈을 넣어드리는 것 같은 기분이 든다. 나는 돌아가신 아버님의 지갑에도 저승에 가시어 쓰시라고 일부러 신권으로 바꾸어 넣어드렸는데 지금도 그 일이 가끔 떠올라 나를 흐뭇하게 한다.

그렇다고 다른 이들이 올리는 불공을 부정한다는 말은 아니다. 어떤 기도가 됐건 그 파장은 다른 에너지로 바뀔 뿐 사라지지 않는다고 믿는다. 질량불변의 법칙을 예로 들 것도 없다. 다만 불공에는 작은 불공, 큰 불공, 참 불공이 있지 않을까. 작은 불공은 자신과 가족을 위해 비는 것이고 큰 불공은 자기라는 울타리를 넘어 이웃을 위해 하는 기도가 아닐까 싶다. 성철 스님은 우주의 모든 생명을 위해 기도하는 불공을 참 불공이라고 하면서 다음과 같이 절절하게 말씀하신 바 있다.

집집마다 부처님이 계시니 부모님입니다.
내 집 안에 계시는 부모님을 잘 모시는 것이 참 불공입니다.
거리마다 부처님이 계시니 가난하고 약한 사람들입니다.
이들을 잘 받드는 것이 참 불공입니다.
발밑에 기는 벌레가 부처님입니다.
보잘것없어 보이는 벌레들을 잘 보살피는 것이 참 불공입니다.
머리 위에 나는 새가 부처님입니다.
날아다니는 생명을 잘 보호하는 것이 참 불공입니다.
넓고 넓은 우주, 한없는 천지의 모든 것이 다 부처님입니다.
수없이 많은 부처님께 정성을 다하여 섬기는 것이 참 불공입니다.

뭇 생명을 위해 사랑과 헌신과 정성으로 기도하는 것이 참 불공이다. 영국에서 기독교를 접하고 돌아와 뒤늦게 불교에 눈을 뜬 마하트마 간디가 기독교의 사랑은 접시의 물이라면 불교의 자비는 바다와 같다고 말했던 것이 생각난다. 불교는 참 불공을 하는 종교이기 때문에 간디가 그렇게 말한 것 같다.

무봉사에 머물던 경봉은 참선과 기도를 사람의 머리와 가슴으로 비유했다. 참선을 머리로 한다면 기도는 가슴으로 한다는 말이었다. 실제로 경봉은 선객들을 지도하는 선승이었지만 일제강점기 때 낙산사 홍련암으로 가 삼칠일기도를 한 적이 있었다. 나는 경봉 스님의 기도 체험을 스님의 일기 《삼소굴 일지》를 자료 삼아 글을 발표한 적이 있는데, 그 글을 줄여서 소개하자면 다음과 같다.

「경봉은 대오하고 나서 3년 만에 부산에서 양양 대포항을 오가는 배를 타고 낙산사 홍련암으로 가서 기도했다. 만행길에 들러 참배하는 단순한 기도가 아니라 삼칠일기도로써 깨달음의 인연을 깊이 다지는 일환이었다.

경봉이 대포항에서 내려 홍련암에 도착했을 때는 날씨가 잔뜩 흐려 눈이라도 곧 내릴 것 같았다. 입춘이 지난 2월 말이었다. 홍련암 암주는 귀밑머리가 허연 응담應潭이었는데, 대오한 경봉의 소문은 이미 이곳까지 미쳐 정중하게 대접을 했다. 경봉은 다음날 바로 기도에 들어갔다. 1930년 3월 1일의 일이었다. 기도하는 첫날은 맑았으나 다음날은 비가 왔다. 그리고 그 다음날은 눈발이 날렸다. 열흘째 되는 날에도 눈이 내렸다.

경봉은 선정에 들었다가 흰옷 입은 관세음보살이 바다 위를 걸어 자신에게 오는 것을 보았다. 백의관세음보살이었다. 경봉은 법열을 가라앉히느라고 먹을 듬뿍 묻혀 '紅蓮庵'이라고 썼다. 눈발이 멎기를 기다렸다가 의상대로 올라가 소나무 한 그루도 심었다. 관세음보살을 친견한 경봉은 삼칠일기도를 앞당겨 회향했다. 다시 부산으로 돌아오는 길에 대포항에서 시 한 수를 지어 읊조렸다.

여여한 묘한 도는 본래 깨끗하건만

모름지기 수행에 힘써야 크게 나타나리

10년간 집 안의 보배를 찾다가

이제야 겁 밖의 봄소식을 알았다네

가고 옴이 역력하여 다른 사람이 아니며

말할 때나 묵묵할 때나 분명한 주인일세

부처님 항상 계시는 곳 묻지 말게

큰 허공 하늘땅이 누구의 몸인가.

如如妙道本無塵 須得加行大現新

欲覓十年家裡寶 方知萬古怯外春

往來歷歷非他客 語默明明是主人」

우주법계가 부처의 몸이니 부처님 계시는 곳을 묻지 말라는 마지막 두 구절이 잊히지 않을 것 같다. 허공이나 하늘땅 모두가 진리의 또 다른 형상인 부처의 법신法身인 것이다.

도를 이루면 마음부처가 방광하여 빛을 뿌린다

「경봉은 전쟁 중이었지만 무봉사에서 통도사를 다녔다. 율사 자운이 가사 75벌을 조성하고 회향한다 해서 참석하기도 했다. 물자가 턱없이 부족한 전쟁 중에 가사불사를 한다는 것은 참으로 어려운 일이었다. 그래서 경봉은 위험을 무릅쓰고 통도사로 달려가 자운을 격려했다.

가사불사를 축하하러 온 선객 중에는 선승 향곡도 있었다. 향곡은 은사 연배인 경봉을 보자마자 다가와 의미심장한 한마디를 던졌다.

"어째서 정상철가頂上鐵枷를 벗지 못합니까."

정상철가란 중국의 선승 설봉과 운문의 선문답 중에 나온 말로서, 철가란 철가무공鐵枷無孔의 준말로 구멍이 뚫리지 않은 철로 된 칼을 말했다. 죄인은 구멍이 뚫린 칼을 쓰고 있는 법인데, 구멍이 뚫리지 않은 칼을 쓰고 있으니 생각으로 헤아릴 수 없는 화두인 셈이었다. 그러나 경봉은 주저하지 않고 가볍게 받아넘겼다.

"절을 하고 묻게나."

"그것은 죽은 사자입니다. 어떤 것이 정상철가입니까."

"눈이 열리지 못하였군. 손으로 잡아서 밀고 끌어 앞에 놔둘 테니 보게나."

나중에는 오히려 경봉이 향곡에게 물었다.

"어째서 정상철가를 벗어버리지 못하는가."

"땅을 파고 들어가도 피할 수 없습니다."

"차나 한잔하시게. 석가여래는 지금 어디에 계시는가."

"동서남북."

경봉은 솔가지를 꺾어 들어 보이며 물었다.

"여기에 조사의 뜻이 있는가, 없는가."

결국 향곡은 대답을 못 했다. 경봉보다 20년이나 나이가 어리지만 저돌적으로 달려드는 향곡이었다. 그러나 경봉은 미소를 지으며 법거량을 마다하지 않았다. 경봉의 너그러운 인품에 감화된 향곡은 선객들에게 경봉을 가리켜 '통도사 스님 중에 자장율사 이래 가장 뛰어난 큰스님'이라고 평하고 다녔다.

무봉사에서 경봉은 한시도 참선과 기도를 놓아본 적이 없었다. 어느 날인가는 경봉의 몸에서 빛이 날 때도 있었다. 점심공양을 한 후 좌선에 들었는데 갑자기 심신이 상쾌해졌다. 마음속에 해가 뜬 것 같았다. 이른바 마음부처心佛가 방광하여 빛을 뿌리고 있었다. 함께 일종정진日終精進 하고 있던 밀양 신도의 눈에도 빛이 보였다. 신도가 자신의 눈을 의심하여 밖으로 나가 소리쳤다.

"경봉 큰시님 보그래이. 빛이 난다."

그러나 경봉은 그런 소리를 듣고도 모른 체했다. 신통을 과시하거나 그것으로 신도를 현혹하는 것은 수행자로서 바른 길이 아니었던 것이다.」

요사채에서 보살들이 간식으로 떡을 먹고 있다. 방금 불단에서

경봉 스님과 원명 스님 • 적멸보궁을 참배하고 난 뒤의 모습.

내린 떡인 듯 말랑말랑하게 보인다. 계절도 그때와 같거니와 떡을 보니 문득 중국의 덕산선사를 쩔쩔매게 했던 떡 파는 노파가 떠오른다. 오래된 추억이지만 그때와 계절도 같거니와 웬일인지 그 풍경이 나를 붙들고 놓아주지 않는다. 예전에 써둔 글을 꺼내어 다시 읽어본다.

「가을 햇살이 드는 김룡사 상선원上禪院 마루에 앉아서 자광 주지 스님과 함께 송이버섯을 쭉쭉 찢어 간간한 죽염에 찍어 먹었던 기억이 지금도 생생하다. 코를 자극하는 송이버섯 향기와 혀를 유혹하는 맛은 '코는 냄새를 먹이로 삼고, 혀는 맛을 먹이로 삼는다'는 부처님의 말씀을 오래도록 실감나게 했던 것이다.

그날은 조금 시장했지만 김룡사에서 점심공양을 하지 않고 일부러 금선대를 올랐던 것으로 기억된다. 금선대는 김룡사에서 운달산 정상으로 가는 산자락에 있는 암자였다. 금선대에서 정진했던 고승 중에 우리와 동시대를 살았던 큰스님인 서암 스님과 혜암 스님. 다 알다시피 혜암 스님은 젊은 시절에 '공부하다가 태평양 바다에 빠져 죽는다'는 각오로 정진하다가 인연이 되어 김룡사 금선대에서 견성見性 체험을 했던 것이다. 훗날에는 경봉 스님 회상의 극락암 선방에서 입승을 본 적도 있다.

그때 나는 금선대로 가는 산길을 오르면서 혜암 스님을 떠올렸다. 금선대에서 견성 체험을 한 젊은 혜암은 즉시 해인사로 달려가 은사 인곡 스님에게 엎드렸다고 한다.

"스님, 조사의 말씀에 걸림이 없어진 것 같습니다."

"그렇다면 한마디 묻겠다. 덕산 스님을 만난 노파가 '과거심, 현재심, 미래심은 얻을 수 없다三世心不可得'고 한바, 너는 어디에 점點을 찍겠느냐."

인곡 스님의 질문은 덕산 스님과 떡 파는 노파에 얽힌 얘기에서 유래한 화두인데, 그 내용은 이러했다.

《금강경》에 달통한 학승 덕산이 선승들이 할거하는 남방으로 내려가다가 점심때가 되어 떡집으로 들어갔다. 시장기를 느낀 덕산이 떡집 노파를 불러 말했다.

"떡 한 접시만 주시오."

"스님, 바랑에 든 게 무엇이오."

"소승이 연구한《금강경청룡소초》입니다."

노파는 덕산에게 떡을 파는 데 조건을 걸었다.

"스님,《금강경》에 대해 한 말씀 묻겠습니다. 대답하시면 떡을 그냥 드리고, 못 하시면 떡을 팔지 않겠습니다."

"좋소. 말해보시오."

"《금강경》에 '과거심도, 현재심도, 미래심도 얻을 수 없다'고 했습니다. 그런데 스님께서는 어느 마음으로 점심을 드시겠습니까."

오늘은 점심으로 공짜로 떡을 먹겠구나, 하고 흥분했던 덕산은 아무 말도 못하고 떡집에서 물러나고 말았다.

인곡 스님이 다시 한 번 다그쳤다.

"자, 너는 노파의 말에 어떻게 대답하겠느냐."

혜암은 덕산이 삼세의 시간에 걸려들었다고 생각했다. 그래서 그것을 단번에 뛰어넘고자 대답했다.

"저는 무조건 떡을 먹겠습니다."

"오매일여寤寐一如는 되느냐."

오매일여란 자나 깨나 화두가 성성한 경지를 말했다. 혜암은 솔직하게 고백했다.

"안 됩니다."

"그렇다면 더 용맹정진하거라."

혜암은 인곡 스님의 지시대로 성철 스님이 카랑카랑한 소리로 '밥값 내놓아라!'라고 고함치는 봉암사 선방으로 갔다고 한다. 그리고 몇 년이 더 흐른 뒤 혜암은 한때 《조선왕조실록》을 보관했던 오대산 사고암에서 겨울철 동안 몸속의 피가 얼어붙는 고행 끝에 비로소 확철대오의 노래를 불렀다고 한다.

김룡사 스님들은 금선대까지 십 리가 채 못 된다고 했는데, 실제로 산길을 타보니 경사가 만만치 않고 힘들었다. 비구니 스님들이 사는 암자를 지나치고 난 뒤부터 바로 땀이 났다. 이마에 흐르는 땀을 서너 번 훔치고 나자, 느닷없이 허기가 졌다. 김룡사에서 점심공양을 해결하고 나섰으면 좋았을 것을 하고 후회했지만 그렇다고 돌아설 수도 없었다.

　허기 탓에 금선대가 멀게만 느꼈는지도 몰랐다. 기를 쓰고 조금 더 오르니 바로 금선대가 보였다. 그런데 막상 힘들게 올랐지만 암자에는 스님이 한 분도 보이지 않았다. '스님, 스님' 하고 불러보았지만 인기척이 없었다. 암자 기둥에 묵언默言이란 글씨만 고지식하게 걸려 있을 뿐이었다. 아내는 견딜 만하다는 표정이었지만 나는 성미가 급하여 곧 쓰러질 지경이 돼버렸다. 나는 망설이는 아내에게 부엌으로 들어가 보라고 소리쳤다.

　"미안하긴 하지만 부엌을 좀 살펴봐요!"

　"솥이 비었어요."

　"그렇다면 밥을 해요. 밥값을 놓고 가면 되지 않겠소. 어차피 스님도 공양을 하실 텐데 우리가 해놓고 갑시다."

　"쌀은 있는데 반찬이 없어요."

　설상가상이었다. 나는 몹시 낙담한 채 부엌문 옆에 있는 옹달샘으로 갔다. 찬물이라도 마셔야 배고픔이 가실 것 같아서였다. 옹달샘 앞 반석에는 스님의 빨랫감이 널브러져 있었다. 그리고 찬물이 가득한 플라스틱 통에는 반찬그릇이 하나 둥둥 떠 있었다. 반찬그릇 뚜껑을 바로 열어보니 깍두기가 들어 있었다. 그러나 안타깝게도 먹을 수 없는 깍두기였다. 1인분이 조금 넘을까 말까했다. 반찬 그릇의 깍두기가 나와 아내의 입으로 들어간다면 암자 주인인 스님이 먹을 게 없어지기 때문이었다.

나는 먹어야 한다는 본능과 그래서는 안 된다는 이성 사이를 왔다 갔다 하다가 겨우 갈등을 가라앉혔다. 찬물을 두어 바가지 마시자 배고픔이 조금 가셨다. 정신도 또렷하게 들었다. 그제야 스님이 빨려고 놓아둔 셔츠와 양말 등이 보였다.

"아이고! 빨래나 해주고 내려갑시다."

아내가 옹달샘 물을 퍼 빨래를 하고, 내가 그 빨래를 꼭꼭 짜서 빨랫줄에 널었다. 그러고 나니 빈 뱃속에 뭔가 넉넉하게 차오르는 듯했다. 금선대를 오를 때와 달리 내려갈 때는 아주 편안했다. 비록 절밥은 얻어먹지 못했지만 배가 고프지 않았고 '나도 한 끼 밥값을 했다'는 행복감이 느껴졌다.

가만히 그때를 돌이켜 생각해보니, 덕산을 만났던 그 노파가 내게 어느 마음에 점을 찍겠느냐고 묻는다면 나는 '노파의 떡을 대신 팔아주겠다'고 말할 것 같다. 배고픈 자신보다는 상대를 배려하는 마음이 참으로 나를 배부르게 하는 것임을 그날 깨달았기 때문이다.」

전후 어수선한 분위기 속에서도 무봉사는 경봉이 주석하고 있었기 때문에 선객들이 해제 때가 되면 모여들어 선문답을 하고 갔다.

결제 기간에 공부했던 경계를 점검받았다.

경봉은 법랍과 문중, 승속을 초월해서 어떤 사람이 오던지 반갑게 맞이해주었다. 6·25 전쟁이 끝난 지 8개월 만에 선방을 찾아 정진하던 향봉과 도원도 걸망을 메고 무봉사로 왔다. 광복되던 해에 극락암에서 헤어졌으니 꼭 7년 만이었다.

"그래, 7년 동안 무엇을 했는지 내놓아보소."

그러자 도원이 말했다.

"내놓을 거 있습니까. 이미 방에 꽉 찼습니다."

"향봉 수좌도 그런가."

"마찬가집니다."

"방 안에만 찼지 겉에는 차지 않았구나."

두 수좌는 말을 못 하고 말았다. 경봉은 실망하여 두 수좌의 등을 후려치며 말했다.

"그동안 선방 밥값놀이를 못 했으니 밥값 내놓그래이!"

밥값놀이란 참선 공부를 뜻하는 선방 은어였다. 두 수좌가 가고 난 다음날에는 자원慈元이 왔다. 자원 수좌는 경봉과 동갑내기였다. 자원 수좌가 자기 이력을 먼저 소개했다.

"객승은 20세에 출가하여 선방만 돌아다녔소."

"그렇다면 그동안 한 일이 무엇인지 내놓아보이소."

"그것은 객승이 오늘 무봉사에 온 것이오."

무봉사 산문 • 사혜의 물결 평온하니 용이 편하게 잠들고, 구천의 구름 고요하니 학이 높이 나는구나.

이번에는 자원 수좌가 경봉 스님에게 물었다.

"어느 수좌가 조실을 찾아가 '주인 있습니까' 하고 물으니 조실이 '방 안 소식을 알았으면 들어오시오' 했소. 그러자 수좌는 대답을 못 했는데 스님은 어떻게 말하겠소."

경봉은 머뭇거리지 않고 말했다.

"허허. '문을 열고 들어와 나를 보시오'라고 말하겠소."

경봉이 무봉사에서 두 가지 공안을 남긴 셈인데, 우리 선학자들이 연구해볼 과제가 아닌가 싶다. 활인검도 되고 살인검도 되는 화두가 중국의 선가禪家 공안집인《벽암록》이나《무문관》에만 있는 것이 아니라는 말이다. 이제는 우리 선승들이 남긴 화두들을 모아 선어록을 집대성할 때가 되었다고 본다.

무봉사 산문을 내려선다. 초겨울의 바람이 이마를 스치고 지나간다. 시공을 초월하여 수많은 고승을 친견하고 내려가는 느낌이다. 무봉사는 내 기억의 뜰에도 한 채 지어져 영원히 스러지지 않을 것 같다. 거기에는 밀양강도 흐를 것이다.

밀양강.

밀密이란 그림자와 양陽이란 빛이 어우러진 강江이 아닐까 싶다. 강은 무봉사 스님들의 법열과 애환을 모두 다 지켜보았을 터. 사명대사 동상을 만들려다 좌절한 대월 스님의 눈물도 보고, 경봉 스님의 마음부처가 방광하는 것도 보았을 것이다. 또 사미승 원명이 겨울날 시린 손을 호호 불며 치는 소종小鐘 소리도 들었을 것이고. 그 모든 사연을 알면서도 침묵한 채 흐르는 강이기에 더 푸르고 그윽한지도 모른다.

사리암에서는 산토끼들이 집토끼처럼 암자 옆에 와서 산다고 하니 짐승을 부르는 신통神通이 별것 아니란 생각이 든다. 삿됨이 사라져버린 마음자리, 깨달음의 자리가 바로 신통이 아닐까 싶다. 그래서 경봉 스님께서는 "신통이 무엇인가"라고 묻고는 스스로 "여기서 운문사까지 오 리 길이다"라고 답하셨던 것이다.

운문사 사리암에 올라
삿됨을 떠나 참됨을 이루네

나반존자는 말세 중생에게 복을 주는 복전福田
사리암으로 가기 위해 운문사雲門寺를 잠시 들르고 있는 중이다. 나와 구면인 비구니 스님이 운문사에 한 분 계시기 때문이다. 사리암邪離庵을 절 이름대로 푼다면 구름의 문雲門을 거쳐서 가야만 도달하는 암자이므로 선계仙界의 암자가 된다. 한자어인 사리邪離란 삿됨을 여읜다는 뜻이니 신선들이 사는 공간이 되는 것이다.

그런데 나는 그런 구름 위를 걷는 고고한 얘기보다는 해마다 막걸리를 다섯 말씩 먹는 거대한 삿갓 모양의 운문사 소나무나 오백전에 더 흥미를 느끼며 그 사연들을 떠올리곤 한다. 오백전에 계시는 나한님은 오백 분이 아니고 499분이라는 것을 아는 사람은 드물다. 그렇다면 한 분은 어디로 외출하여 지금까지 돌아오지 않는 것일까. 나는 그 비밀을 현재 운문사 주지인 일진 스님에게 언젠가 들

운문사 소나무길 • 시냇물 소리 밟으며 구름 하늘 위로 오르니
비로소 세속생활 꿈속임이 깨달아지네.

었다. 결론적으로 말해서 오랫동안 외박을 하고 있는 그 한 분의 명호는 나반존자님이다.

"한 분은 어디에 계시냐 하면 바로 사리암에 계십니다. 한 번 올라가 내려오실 줄 모르는 나반존자님이시지요."

지금 내가 멀리서 찾아와 친견하려고 하는 사리암의 나반존자이다. 그래서 나는 운문사 동남쪽에 위치한 사리암으로 가려 하고 있는 것이다. 홀로 깨쳤다고 해서 독성존자獨聖尊者 혹은 독성님이라고도 부르는 나반존자이다.

하얀 머리카락을 드리우고 유난히 눈썹이 길고 흰 데다 눈과 입술은 야릇한 미소를 띠고 있어 흡사 산신령처럼 보이는 나반존자가 어떤 분인지는 여전히 모든 이가 수긍하는 정설이 없다. 일찍이 육당 최남선은 인도나 중국에 없는 '산신으로 변한 단군님'이라고 우리 민족의 주체성을 강조하여 주장한 바 있지만 지금까지도 명쾌하게 해석하고 연구하는 학자가 없는 것이다.

다만, 대부분의 불교신자와 스님들은 나반존자를 18나한의 한 분인 빈두로존자賓頭盧尊者로 알고 있을 뿐이고, 별 이의를 제기하지 않는 것이 현실이다. 불자들은 말세의 복전福田으로써 복을 주는 존자라고 믿고 있다. 그런 까닭에 독성기도는 매우 영험하며 크고 속히 이루어진다고 하여 아무리 작은 절이라도 산신각과 독성각이 있을 정도다. 나는 아직까지도 산신기도나 독성기도를 해본 적이 없다. 불교라기보다는 우리 토속신앙에서 영향받고 습합된 것이기 때문이다.

나반존자는 경봉과도 특별한 인연이 있다. 경봉은 무봉사를 떠나 극락암 조실로 온 뒤에 무슨 까닭에선지 가장 먼저 나반존자를 모셨던 것이다. 선승이지만 6·25 전쟁으로 피폐해진 말세의 복전을 염원하여 그러셨던 것일까. 아마도 도인 스님으로서 우리가 감지하지 못하는 내밀한 뜻이 있었을 것이라고 믿는다.

뿐만 아니라 경봉은 극락암 조실스님으로서 시봉하는 한 거사를 데리고 독성기도를 하러 사리암을 찾았는데, 광복 전에 참배했던 때보다 더욱 감회가 새로웠다고 한다. 극락암에 봉안한 나반존자 앞에서 독성기도의 영험을 경험해본 뒤였으므로 더 그랬던 것이다. 그때 경봉은 사리암 나반존자를 참배하고 산길을 내려오는 길에 감흥이 솟구쳐 또 한 수의 시를 읊조렸다.

흰 구름 떠도는 석굴에 어떤 일이 기특한가
나반존자의 신통이 시방세계에 두루 하네.

묻는 이가 없는데도 자신과 선문답을 주고받았다.

"신통이란 무엇인가神通之事如何否."

"여기서 운문사까지 오 리 길이다此去雲門半十里."

운문사에서 사리암까지는 십 리 길인데 경봉 스님은 오 리 길이라고 말씀하시고 있다. 하지만 이것은 선어禪語이므로 굳이 언어에 매달릴 필요는 없을 것 같다. 선문답에서는 형식적으로는 답을 내놓고 있지만 실제로는 답이 필요 없기 때문이다. 답이라고 하는 순간 그것은 죽어버린 사구死句가 되어 동력을 상실해버린다. 선문답에는 질문도 답도 모두 의심을 일으키는 활구活句가 되어야만 한다. 그러니까 '여기서 운문사까지는 오 리 길이다'를 답으로 여기지 말고 '신통이란 무엇인가'처럼 또 다른 의심을 불러일으키는 질문으로 받아들여 의심을 지속해야 한다는 것이다.

이후 경봉은 또다시 밀양교당의 경상도 신도들과 더불어 시주받아 조성한 나반존자 한 분을 모시고 버스 한 대를 대절하여 운문사까지 갔다가 사리암을 걸어 올라갔다고 한다. 버스가 출발할 때는 맑았지만 나반존자를 봉안하는 다음날은 부슬비가 내렸다고 한다. 장마철이었으므로 날씨가 변덕스러웠던 것이다.

그러나 밀양교당 신도들은 비가 오는데도 봉불식을 거행하고 나서 칠일기도에 들어갔다. 다행히 칠일기도를 회향하는 날은 날씨가 맑았으므로 신도들 모두가 신심을 내며 기분 좋게 하산했다.

사리암의 풍광과 나반존자의 영험 때문이었을까. 경봉은 무슨 까닭에선지 1주일 만에 사리암을 다시 왔다가 운문사에서 잤다. 그러면서 '사리암을 떠나는 손이 한 말'이라는 글을 남겼다. 누구에게 보여주기 위한 글이 아니라 무심코 중얼거린 소회라고나 할까. 경봉은 장단을 맞추듯 같은 한자말과 우리말을 반복하면서 써 내려갔다. 어찌 보면 경봉이 도道를 유유자적하게 굴리고 있는 듯한 글이었다.

백운도 날아 날아서 가고,
녹수도 흘러 흘러서 가게 되고,
왔던 손도 훨훨 훨훨히 가게 되네.

그중에 청산은 만고에 변치 않고,
가지도 아니하고 이 절 주인과 함께 지키고 있다.

백운이 갈지라도 허공에 있게 되고,
녹수가 갈지라도 창해에 있게 되며,
왔던 손이 갈지라도 이- 지구상에 있을 것이다.

밝고 밝은 저- 태양과 명월은

멀고- 먼 저곳과 이곳에 날마다 광명을 보내고 있으니
그 편에 소식 전하리라. 하하 허허.

내가 임의로 한자말을 모두 한글로 바꾸었지만 두런두런 소리 내어 읽어보면 내재율이 살아 있고 도인의 풍모가 바로 전해오는 글이라는 생각이 든다. 더구나 글 끝에 하하 허허 파안대소하는 경봉의 모습이 떠올라 나까지 절로 미소가 지어진다.

삿됨이 사라져버린 마음자리가 바로 신통

그런데 경봉은 말세의 복전만을 염두에 두고 사리암을 올랐던 것은 아닌 듯하다. 경봉은 광복되기 전에 대오하고 난 뒤 운문사 사리암에 나반존자를 친견하러 온 적이 있는 것이다. 1934년 9월의 일이다. 당시 운문사는 통도사 말사였는데, 운문사에 분규가 생겨 통도사 불교전문강원 원장이던 경봉이 책임자 신분으로 해결하러 나섰던 것이다. 그러나 경봉은 시비를 해결하기보다는 사리암의 나반존자 친견에 더 기대를 걸고 갔다고 한다. 당시 비구름이 산허리까지 내려와 경봉은 발걸음을 재촉하여 사리암에 올랐던 것 같다. 다음날에는 가을비가 내려 오도 가도 못한 채 다음과 같은 시를 남기고 있다.

시냇물 소리 밟으며 구름 하늘 위로 오르니
비로소 세속생활 꿈속임이 깨달아지네.
누구든 삿됨을 떠나 진실한 뜻 얻는다면
온 누리 삼라만상 모두가 부처일세.

溪聲踏盡入雲天

始覺塵中過夢年

人得邪離眞實意

乾坤萬象總金仙

경봉은 사리암 부처님인 나반존자를 참배하고 나서 또 한 수의 시를 읊조린다.

운문의 고풍 어린 푸른 하늘이여
들 풍경은 언제나 태평세월
잔잔히 흐르는 시냇물 고요한 산에
사리암 부처님 계시네.

雲門古靑天

野色泰平年

水寂山空處

邪離大覺仙

운문사 오백전 나한 • 오백전에 계시는 나한님은 499분, 한 분은 어디로 외출하신 것일까.

가을밤의 구름은 산바람에 흔적도 없이 사라졌다. 비로소 텅 빈 허공이 드러나고 둥그런 달도 휘영청 떠올라 달빛을 뿌렸다. 좁은 마당에서 사리암 신도들이 달맞이를 하는지 떠드는 소리가 났다. 주지스님이 신도들에게 법문하고 또 얘기를 주고받는 소리가 경봉의 귀에까지 들려왔다.

주지스님이 사리암에 상주하는 나반존자의 신통력이 가끔 드러나는데, 동굴 위에서 큰 바위가 굴러오면 큰 재가 들어오고 작은 돌멩이가 굴러오면 작은 재가 생긴다고 자랑하고 있었다. 뿐만 아니라 독성기도를 하여 나반존자가 소원을 들어줄 때도 반드시 동굴 위에서 돌멩이를 떨어뜨린다고 얘기했다. 주지스님이 말하니 신도들이 반신반의하면서도 믿는 것 같았는데, 달맞이가 파할 무렵 한 유식한 신도가 경봉에게 다가와 물었다.

"스님, 큰 돌이 떨어지면 반드시 큰 재가 들어오고 작은 돌이 떨어지면 작은 재가 들어온다고 합니다. 그리고 기도가 성취될 때도 반드시 돌이 떨어진다고 합니다. 또 이곳 스님이 말하기를 이것은 나반존자의 신통 묘력이라고 하는데 과연 그렇습니까."

경봉은 묵묵히 앉아 있다가 손가락을 퉁겨 소리를 냈다.

"이제 알겠습니까."

"무엇을 말입니까."

신도는 어리둥절했다. 신통 묘력은 말로 설명할 수 없었다. 경봉이 아무리 설명을 잘한다 한들 상대가 신통 묘력의 경지를 깨닫기 전에는 이해할 수 없는 문제였다. 그래서 경봉은 신도에게 신통 묘력의 자리를 깨닫도록 촉구하고 있는 것이었다. 그렇게만 된다면 신도의 의심은 봄볕에 눈 녹듯 사라져버릴 터였다.

"손가락 퉁기는 소리가 어디서부터 왔는가. 만약 손가락에서 소리가 났다면 죽은 사람도 손가락이 있는데 어째서 소리가 없는가."

신도는 더 묻지 못하고 입을 다물었다.

"또 이 소리가 작은가, 큰가. 만약 크다고 한다면 얼마나 크며, 작다고 한다면 얼마나 작은가. 또 이 소리는 하늘에서 떨어졌나, 땅에서 솟았나. 허공에서 떨어졌나. 이 손가락 퉁긴 소리의 온 곳과 떨어진 곳을 활연히 깨달으면 돌이 떨어지는 이치를 듣지 않아도 알 수 있는 것이다."

경봉이 신도에게 얘기하고 있는 것은 의심을 품게 하는 화두였다. 경봉은 신도에게 화두를 준 뒤 신심이 나도록 짧은 설법을 했다.

"눈병이 있는 이가 해를 보매 햇빛을 청색, 황색, 적색, 백색, 흑색 등 갖가지 색깔로 보는데, 이 햇빛은 원래 오색에 속하지 않고 어떤 빛보다 뛰어나며 고금을 초월하여 천지에 빛나서 여여하게 홀로 드러났거늘 오호라 중생의 마음이 삿됨을 떠나지 못했기 때문에 그렇게 보는 것이오. 범부의 생각으로 상에 집착하여 물들어서 돌이 떨어지는 것을 보고 천차만별로 해석하는 것이지, 그러니 삿된

울력하는 운문사 스님들 • 하루 일하지 않으면 하루 먹지 말라.

마음과 범부의 생각을 크게 쉬고 쉰 뒤라야 돌이 떨어지는 이치를 틀림없이 알게 될 것이오. 그래서 이 암자 이름을 사리암이라고 하는 것이오."

　나는 사리암 가는 산길을 어느 오솔길보다 좋아하는 편이다. 물소리에서 솔향기가 나고 솔바람에서 명랑한 물소리가 나는 것 같아서다. 경봉 스님은 시냇물 소리를 밟으며 구름하늘로 오른다고 했는데 과연 그렇다. 청송 그늘 아래 평탄한 길에서는 가슴에 솔향기도 켜켜이 재고, 휘파람으로 한두 곡을 터뜨리며 발걸음도 가볍게 가지만, 20여 분쯤 지나면 어느새 가파른 산길과 마주친다. 거기서부터는 다리품을 팔아야 한다. 굵은 땀을 지불하고 올라야만 산허리에 걸린 비천飛天의 옷자락 같은 구름 한 줄기를 볼 수 있는 산길인 것이다. 산길은 몹시 가파른 비탈이다. 다행히 산길 중간에 옹달샘이 있어 갈증 난 목을 축일 수 있다. 먼저 올라갔다 내려오는 사람들의 응원에 힘을 얻기도 한다.
　"힘들지예. 쬐금만 올라가면 암잡니더. 참으시소."
　"성불하십시오."
　조금 더 올라가 보니 암자 추녀 끝이 보이고 '나반존자, 나반존자' 하고 외는 창불唱佛 소리가 들린다. 비로소 등을 돌려 보니 저 건너편에 학이 날아오르는 형상의 학산鶴山의 산자락이 그윽하다.

이윽고 나반존자님께 어디 사는 누구입니다 하고 인사를 하자, 문득 암자의 식구들이 눈에 들어온다. 박새도 보이고, 다람쥐도 보이고 다래넝쿨을 타고 재주부리는 청설모도 보인다.

그러고 보니 사리암은 선남선녀들의 소원을 들어주는 나반존자님이 계시고, 산짐승들이 암자를 제집처럼 드나든다. 그렇다. 인간의 소망이 이루어지는 이런 곳을, 인간을 무서워하지 않는 산짐승들이 사는 이곳을 어찌 극락이라 부르지 않으리.

사리암 원주인 정호 스님을 마주친 것도 좋은 인연이다. 부모에게 물려받은 속가의 집마저 절로 회향했다는 비구니 스님이다.

"우리는 육식을 안 해서 그런지 새들이 스스럼없이 손에 올라와요. '깐돌아~ 똘똘아' 하고 부르면 새나 다람쥐가 자기를 부르는 줄 알고 계곡에 있다가도 곧 달려오지요."

사리암에서는 산토끼들이 집토끼처럼 암자 옆에 와서 산다고 하니 짐승을 부르는 신통神通이 별것 아니란 생각이 든다. 삿됨이 사라져버린 마음자리, 깨달음의 자리가 바로 신통이 아닐까 싶다. 그래서 경봉 스님께서는 "신통이 무엇인가"라고 묻고는 스스로 "여기서 운문사까지 오 리 길이다"라고 답하셨던 것이다.

경봉 스님이 환생하시어 내게도 똑같이 묻는다면 나 역시 "여기서 사리암까지 오 리 길입니다"라고 답했을 것 같다. 하나도 보탤 것도 뺄 것도 없는, 여여한 실상을 그대로 보는 깨어 있음이 신통이라고 자각했기 때문이다. 주술을 부리고 이 모습 저 모습으로 둔갑하는 것이 아니라 산을 산으로 보고, 물을 물로 사무치게 보는 깨달음이 바로 신통이 아닐까 싶은 것이다.

수행자란 흔히들 중생의 눈물을 닦아주는 사람이라고 하는데, 경봉 스님의 경우는 눈물뿐만 아니라 환자의 피고름까지 닦아주었다. 이 부분에서 나는 경봉 스님이야말로 이 시대를 살다간 지장보살의 화신이었다고 믿는다. 세상에서 버림받은 이들을 기꺼이 받아들여 당신의 게송과 같이 측은해하는 마음으로 능히 괴로움을 뿌리 뽑아주었으니 말이다.

영축산 백련암으로
아미타불을 만나러 가리

측은한 마음으로 중생의 피고름을 닦아주리라

언양을 지나칠 때마다 생각나는 분이 있다. 지금은 입적하셨지만 생전에 고명한 스님처럼 불자들로부터 삼배를 받던 극락심 노보살이 바로 그분이다. 부산에 사는 한 여성의 소개로 노보살을 찾아가 만났는데, 그때의 일이 지금도 생생하게 떠오른다. 억센 느낌의 노보살이 이불과 붉은색 담요를 의지해 비스듬히 누운 채 우리를 맞이했는데 나를 안내한 여성이 큰스님을 친견하듯 극진하게 삼배의 예를 올렸던 것이다.

내가 노보살을 만나게 된 계기는 2004년도 11월 말에 나의 동정 기사가 불교신문에 보도되어 인연이 됐던 것 같다. 경봉 스님의 일화를 수집하고 있다는 동정 기사가 나가고 난 지 얼마 뒤였다. 부산에 사는 오십대의 여성이 내게 전화를 해왔다. 며칠 뒤 나는 그 여성을 만나기 위해 약속장소인 통도사 산문 앞으로 나갔다. 그런 뒤, 그 여성이 운전하는 승용차를 타고 언양에 있는 극락심 보살댁으로 가게 되었는데, 나는 승용차 안에서 극락심 보살이 경봉 스님의 오래된 신도라는 사실과 경봉 스님의 법문 가운데 어떤 법문은 한 구절도 빠트리지 않고 줄줄 왼다는 것까지 그 여성의 얘기를 듣고 알았다.

극락심 보살댁은 서민이 사는 슬라브 단층 건물이었고 마당은 답답할 만큼 좁았다. 햇볕이 잘 들지 않아서인지 건물 안팎으로 칙칙한 공기가 감돌았다. 젊은 날에는 경봉 스님의 큰 시주施主였는지 몰라도 병색이 짙은 극락심 보살의 말년은 겉으로 보기에 그리 넉넉해 보이지는 않았다.

극락심 보살은 여성 신도로부터 내 소개를 받더니 붉은색 담요를 한쪽으로 밀치면서 덤덤한 말투로 경봉 스님을 처음 만나고 난 뒤에 일어났던 여러 가지 일화를 꺼냈다. 노보살의 머리맡에는 경봉 스님의 법문 테이프가 든 녹음기가 놓여 있었다. 나는 소형 녹음기를 꺼내 녹음을 시작하면서 중요한 얘기는 수첩에 따로 적었다.

집으로 돌아온 나는 바로 취재한 내용을 원고로 정리했는데, 훗날 그 원고가 바로 나의 소설에 그대로 실렸던바 그 부분만큼은 허구가 아닌 논픽션이 됐던 것이다. 소설 속의 그 부분은 실재한 사실이므로 다시 한 번 소개하는 것도 경봉 스님의 자비로운 내면을 이해하는 데 큰 도움이 되리라고 믿는다.

더구나 며칠 후면 부처님이 탄생한 초파일이다. 초파일이 의미를 갖는 까닭은 탄생불인 아기부처님이 룸비니동산에서 오른손은 하늘을, 왼손은 땅을 가리키며 다음과 같이 '자비선언'을 하셨기 때문이다.

천상천하유아독존天上天下唯我獨尊
삼계개고아당안지三界皆苦我當安之
하늘 위와 하늘 아래 오직 나 홀로 존엄하도다.
삼계가 모두 고통에 헤매나니 내 마땅히 편안케 하리라.

이른바 탄생게誕生偈인데, 고통 받는 중생들을 모두 구제하겠다는 부처님의 원력에서 보듯 부처님이 이 세상에 오신 뜻은 명명백백하다. 극락심 보살에게 지장보살이 되라고 당부한 경봉 스님도 자비의 실천을 성불의 첫걸음으로 인식하셨음이 분명하다. 다음의 글도 극락심 보살에게 들었던 얘기다.

1960대 초의 일이다. 전국을 돌면서 이불 장사를 하는 보살이 경봉 스님의 신도가 돼 극락암을 자주 올랐다. 보살이 자주 경봉 스님을 친견하는 것은 경봉 스님과 한 약속 때문이었다. 이불 장사하는 삼십대 아주머니의 법명은 극락심인데, 경봉은 보살을 처음 보자마자 주르르 눈물을 흘렸다.

"보살은 지장보살이 돼야 한대이. 고통 받는 사람들을 만나는 대로 도와주어야 하는기라. 지장보살이 지옥에만 있는 것이 아니다. 고통 받는 사람에게는 이 사바세계가 지옥 아이가. 보살이 앞으로 고생할 것을 생각하니 눈물이 난다."

극락심 보살은 경봉에게 맹세했다.

"스님, 지장보살처럼 살겠습니다."

"그리 사는 것이 바로 보살에게는 사바세계를 멋들어지게 사는 일인기라."

이후 극락심 보살은 주로 버림받은 환자들을 돌보기로 결심했다. 1960대 초만 해도 오갈 데 없는 걸인이나 피를 토하며 떠도는 폐병 환자들이 많았던 것이다. 극락심 보살은 보따리 행상을 하다 들판의 원두막에 폐병 환자가 짐승처럼 웅크리고 있는 것을 발견하고는 그냥 지나치지 못했다. 한겨울이었으므로 환자가 얼어 죽을지도 몰랐다. 경봉이 법문 중에 자비라는 뜻에 대해 읊조렸던 게송 하나가 뇌리를 스쳤던 것이다.

사랑하는 마음으로 능히 중생을 즐겁게 하고
측은해하는 마음으로 능히 중생의 괴로움을 뿌리 뽑으리.

극락암 뒷모습 • 삼계가 모두 고통에 헤매나니 내 마땅히 편안케 하리라.

以慈能與衆生之樂

以悲能拔有情之苦

극락심 보살은 환자를 깨워 일어나게 하여 통도사로 데리고 갔다. 그러나 통도사에서는 이런저런 이유를 대며 환자를 받아주지 않았다. 환자의 신분이 불분명한 데다 환자가 곧 죽어갈 것처럼 말라 있었고, 맨살이 드러날 정도로 다 떨어진 옷을 입고 있었기 때문이다. 할 수 없이 극락심 보살은 10여 리 떨어진 극락암으로 환자와 함께 걸었다. 찬바람이 쌩쌩 불었으므로 환자는 곧 동사할 것처럼 얼굴이 시퍼렇게 변해갔다.

극락암에 다다랐을 때 암자에서는 경봉의 독경 소리가 나지막이 들려오고 있었다. 극락심 보살은 독경이 끝날 때까지 기다렸다가 인기척을 냈다.

"스님, 환자를 데리고 왔는데 하룻밤 묵어갈 수 있습니까."

극락심 보살은 또 통도사에서처럼 거절을 당하면 어찌하나 하고 가슴이 콩닥콩닥 뛰었다. 그러나 잠시 후 경봉은 묵어갈 것을 허락했다.

"뭐하노! 퍼뜩 들어오지 않고."

"스님, 감사합니다."

그런데 환자는 경봉을 보자마자 피를 토하며 쓰러져버렸다. 극락암까지 올라오느라 기진맥진한 데다 방 안의 따뜻한 기운이 덮치자 그만 혼절한 것이었다. 환자의 붉은 피는 경봉의 얼굴과 장삼을 적셨다. 극락심 보살은 당황하여 어찌할 바를 모르고 울상을 지었다. 그러나 경봉은 차분하게 혼절한 환자의 얼굴과 팔에 묻은 피를 먼저 닦아주더니 벽장에서 새 법복을 꺼내 환자에게 입혀주었다. 그런 다음 자신의 몸에 묻은 피를 닦아내며 당황해하는 극락심 보살을 안심시켰다.

"보살, 내 하고 한 약속을 지켜주니 좋다."

한 시간쯤 지나자 환자가 일어나 주위를 두리번거리더니 면목 없어 하며 방을 나가려 했다.

"스님께 피를 토했으니 죄송해서 나가야겠습니다."

"보소, 밖이 춥다. 나가면 죽는대이. 내 당신 같은 환자를 고쳐주어 그 사람이 지금 큰절에 있으니 걱정 마소."

경봉의 말은 사실이었다. 이전에도 폐병 환자를 극락암 위 빈 암자에 머무르게 하여 솔가루와 생쌀로 3년간 생식을 시켜 피를 올라오지 않게 한 뒤, 4년째에는 도회지로 데리고 다니면서 보신탕을 먹여 건강을 되찾게 한 일이 있었다.

경봉은 극락심 보살에게 이불을 주며 환자를 극락암 위의 빈 암자로 데려가게 했다. 다음날부터 경봉은 환자를 돌보았다. 생식을 시키면서 부산 등의 도시에서 약을 구해 와 먹였다. 건강이 회복되자 환자를 도회지로 데리고 나가 보신탕을 사 먹었다. 스님이 보신탕집을 들어가자 사람들이 수군거리며 손가락질을 했지만 경봉은 상관하지 않았다. 과연 몇 년 뒤에는 이 환자도 새 사람이 되었다. 건강을 되찾은 환자가 제자가 되기를 청하자, 경봉은 그에게《천수경》과《반야심경》을 공부시킨 뒤 삭발해주며 말했다.

"암자에는 나 혼자 있어야 한다. 그러니 너는 큰절로 가그래이."

수행자란 흔히들 중생의 눈물을 닦아주는 사람이라고 하는데, 경봉 스님의 경우는 눈물뿐만 아니라 환자의 피고름까지 닦아주었다. 이 부분에서 나는 경봉 스님이야말로 이 시대를 살다간 지장보살의 화신이었다고 믿는다. 세상에서 버림받은 이들을 기꺼이 받아들여 당신의 게송과 같이 측은해하는 마음으로 능히 괴로움을 뿌리 뽑아 주었으니 말이다.

아미타불을 외는 미친 여인을 출가시키다

이와 같은 일화 말고도 극락심 보살님은 또 다른 얘기들도 들려주었다. 또 다른 얘기는 경봉 스님이 미친 여자를 제도한 사연이었다. 아무튼 극락심 보살의 기억력은 대단했다. 병색이 도는 외모와 달리 경봉 스님과의 인연을 회상하는 경상도 사투리는 힘이 있었고, 얘기를 이어나가는 데 군더더기나 중언부언이 없었다. 경봉 스님의 어떤 법문은 다 외울 정도로 기억력이 뛰어났다.

  나를 안내한 오십대 여성은 극락심 보살이 얘기하는 동안 마치 큰스님을 대하듯 허리를 곧추세우고 바르게 앉아 있었다. 나는 극락심 보살의 얘기에 빠져들어 어느 순간에는 수첩에 메모하는 것도 잊을 정도였다. 그러나 다행히 소형 녹음기를 가지고 있었기 때문에 걱정할 필요는 없었다. 극락심 보살은 폐병 환자를 경봉 스님에게 인도하여 제도한 사연 말고도 미친 여자를 경봉 스님에게 데리고 간 얘기를 간간히 소리 내어 웃으며 들려주었다.

  "그 미친 여자도 내가 행상하다가 발견하여 극락암으로 데리고 갔지예. 여자는 넘어질 때마다 나무아미타불을 외웠지예. 내 앞에서 남편 되는 사람과 부딪치면서 네댓 번을 넘어지면서도 나무아미타불을 외우는기라."

  극락심 보살은 미친 여자에게 부처님 인연이 있다고 생각하여 경봉 스님에게 데리고 갔다. 경봉 스님이라면 미친 여자를 반듯하게 돌려놓을 것이라는 믿음이 들었던 것이다. 다음날 극락심 보살은 혼자 미친 여자를 데리고 가기에는 힘이 들 것 같아 시골의 한 아주머니에게 하루 품삯을 주고 함께 갔다. 언양에서 통도사 입구인 신평까지는 버스를 타고 갔고, 거기서 극락암까지는 아주머니와 극락심 보살이 앞뒤에서 끌거니 밀거니 하면서 올라갔다.

미륵암 • 너와지붕의 암자 앞에 선 경봉 스님(왼쪽 두 번째)와 원명 스님(맨 오른쪽).

경봉 스님은 염불을 하고 있었다. 혼자 있을 때는 늘 그랬다. 극락심 보살은 1년 전에도 폐병 환자를 데리고 온 일도 있고 하여 미안했다.

"스님, 우짜겠십니꺼."

"보살님, 와요."

"제가 얄궂은 사람을 또 데리고 왔십니더. 이 사람 못 받아주시면 고마 데리고 가겠십니더."

"오래됐십니꺼."

"이리 된 지 1주일 됐다 캅니더."

"데리고 들어오소."

"스님, 감사합니다."

극락심 보살이 여인을 방으로 데리고 들어가자 경봉 스님이 자리를 권했다.

"여기 앉으소."

경봉 스님은 미친 여자가 앉자마자 느닷없이 나무아미타불을 외웠다. 그러자 미친 여자가 따라 했다. 경봉 스님이 더 크게 나무아미타불을 외자 미친 여자도 따라서 더 큰 소리로 외웠다. 극락심 보살이 보기에 놀라웠다. 미친 여자가 경봉 스님이 하는 대로 따라 하기 때문이었다.

이윽고 경봉 스님이 미친 여자에게 극락암에 머물라고 허락했다.

"위에 암자가 하나 있긴 하지만 거기엔 처사가 차지하고 있으니 이 부인은 극락암에서 살아야겠다."

극락심 보살은 황송해서 고개를 들지 못했다. 이 세상에 병들고 미친 사람을 받아주고 치료해주는 스님은 경봉 스님밖에 없을 것 같았다.

그래도 극락심 보살은 미친 여자가 경봉 스님에게 무슨 실수라도 저지르지 않을까 싶어 걱정했다. 1주일 뒤 극락심 보살은 극락암으로 서둘러 올라갔다. 그런데 놀라운 일이 벌어졌다. 미친 여자가 정색하고 인사를 하는 것이었다.

"보살님, 오십니꺼."

"벌써 병이 다 나았십니꺼."

극락심 보살은 믿어지지 않았다. 그러나 여인은 더 놀라운 말을 했다.

"천수경 중에 신묘장구대다라니를 다 외웠십니더. 반야심경도 다 외웠십니더."

극락심 보살은 안도했다. 경봉 스님을 보자마자 여인의 거취를 물었다.

"시님, 이제 저 사람을 어찌하시렵니꺼."

"아직 병이 완전히 나은 것은 아니니 몇 달 더 지켜보겠대이."

"그런 다음에는 어찌하시렵니꺼."

"중 만들어 비구니만 사는 내원사로 보내야 되지 않겠나."

극락심 보살은 여인의 병이 나은 것을 보고는 기뻐했다. 그래서 극락암을 더 자주 오르내리며 경봉 스님을 친견했다. 어느새 여인은 밥도 하고 빨래도 하게 되었다. 또 어느 날 가보니 머리를 깎고 중이 되어 있었다. 중이 된 여인이 내원사를 오가며 경봉 스님에게 경을 배우고 있었다.

"시님, 이 비구니 스님을 어디로 보내실 겁니꺼."

"평택 절로 보낼끼다."

평택의 한 절에는 비구니 스님이 이삼십 명 사는데 주지가 죽고 나자 글을 모르는 행자들이 우왕좌왕 하고 있으니 그곳의 주지로 보내겠다는 것이었다. 주지로 보내겠다는 말에 극락심 보살은 걱정이 되어 물었다.

"또 정신이 이상해지면 어떻게 하시려고 그럽니꺼."

"그렇게 되면 내가 책임진다. 이 비구니는 전생에 쌓은 선업으로 부처님 가피가 아주 깊은 사람이대이. 불경 구절 하나를 가르쳐주면 두세 가지를 안다."

경봉 스님의 지시대로 그 비구니 스님은 평택의 절로 갔다. 극락심 보살은 또 궁금하여 이불 장사하러 지나는 길에 일부러 들러보았는데, 그 비구니 스님은 과연 주지를 맡아 잘살고 있었다. 그래서 안심이 된 극락심 보살은 그 절 지장전에서 이틀이나 편안하게 기도한 뒤 언양 집으로 돌아왔다.

　이 밖에도 극락심 보살은 한두 가지를 더 얘기했다. 세상으로부터, 가족으로부터 버림받은 사람들을 경봉 스님이 자비로 받아들여 스님을 만드는 인연 이야기였다. 어떤 사람은 스님이 되었다가 절 생활에 적응하지 못한 채 환속하기도 하고, 또 어떤 사람은 수행자로서 초지일관 잘 사는 스님도 있었다. 그러나 경봉 스님은 그런 결과에 구애받지 않고 일단 받아들였다가 인연 따라 내보내곤 했다. 이따금 극락암에 찾아오는 손님들에게는 차를 마시기 전에 먼저 화두를 던졌다.

　"여기 극락에는 길이 없는데 어떻게 왔는가."

　승속을 불문하고 모든 이가 대답하기를 주저하면 미소만 짓다가 손님과 헤어질 때는 껄껄 웃으며 한마디 던졌다.

　"대문 밖을 나서면 거기는 돌도 많고 물도 많으니 돌부리에 걸려 넘어지지 말고 물에 미끄러져 옷도 버리지 말고 잘들 가거라."

　물론 경봉 스님이 말하는 대문 밖의 길은 세상길이나 인생길을 의미하는 것이었다. 깨달은 노스님의 자상한 당부는 진실하고 간절하여 듣는 순간 누구라도 가슴에 새길 수밖에 없었다. 보통 사람들의 지나가는 말과 달랐다. 그래, 세상길에는 돌도 많고 물도 많지. 넘어지지 말고 미끄러지지 않도록 조심해야지, 하고 오랫동안 가슴을 울리는 말씀으로 남는 것이었다.

생각이 없는 곳에 이르러 아미타불을 만나리

극락심 보살 댁을 나온 나는 부산에서 온 여성과 헤어졌다. 그 여성은 바로 부산으로 떠났고, 나는 언양에서 버스 편으로 통도사 백련암으로 가 원산 스님을 뵐 생각을 하고 있었다. 원산 스님도 경봉 스님의 1960년대 상좌로서 일화가 많을 것 같았기 때문이었다. 그러나 그런 생각을 하면서도 나는 통도사로 가는 버스를 그냥 보냈다. 갑자기 나를 찾는 급한 일이 하나 생겼고, 마침 점심시간이 훌쩍 지나 있었으므로 시장기를 해결해야 했다. 더구나 아침식사부터 조미료가 든 휴게소 음식을 한 숟갈도 뜨지 못한 상태였으므로 심한 허기를 느꼈던 것이다.

채식을 하는 나는 식당을 찾는 데 애를 먹었다. 식당마다 쇠고기 전문 식당이었다. 그리고 보니 언양은 예부터 우시장으로 유명한 곳이었다. 나는 두 번이나 식당으로 들어갔다가 나오곤 했다. 청결한 식당이겠구나 싶어 들어가 보면 식당 벽 메뉴판에 '언양 한우 불고기'라는 문구가 눈에 들어왔던 것이다.

언양산 한우 불고기라고 홍보하여 미식가들을 유혹하는 모양이지만 나는 그 반대였다. 소름이 돋고 눈을 둘 데가 마땅찮았다. 서울생활을 청산하고 남도산중으로 들어가 자연 속에서 몇 년 보내고 나니 나도 모르게 바뀐 체질의 변화였다. 채식에 대한 건강이론이나 불자로서 계율 같은 것을 생각해본 적이 없지만, 어쩌다 티 내기

통도사 백련암 • 생각이 없는 곳에 이르면 육문六門에서 항상 금빛 광명이 나리라.

가 부담스러워 어쩔 수 없이 고기를 두서너 점만 먹어도 온몸에 두드러기가 났다. 심할 경우에는 병원에 실려 갈 정도가 됐다. 그러니 내 몸을 위해서 먹지 않게 되었고, 우리 인간과 같이 '살려고 하는 본능'을 가진 산 생명의 가치를 더욱 생각하게 된 것뿐이었다.

미식가들이 맛의 추억과 식도락을 위해 찾아오는 언양에 극락심 보살 같은 불심 깊은 분이 계셨다는 사실을 나 혼자만 알고 있기가 아쉽다. 병든 이들에게 용기를 준 지장보살의 화신 같은, 경봉 스님의 분신 같은 극락심 보살의 자비가 더욱 그리워진다. 극락심 보살의 명복을 새삼 빌어본다.

그날 나는 원산 스님을 뵙지 못하고 버스와 기차 편으로 내 산방으로 돌아오고 말았는데, 스님을 뵌 것은 1년 후 경봉 스님 일대기를 집필하고 난 뒤였다. 스님은 백련암 다실에서 맑은 차를 내주시면서 스님의 일대기를 쓴 노고에 대해서 격려부터 해주셨다. 책표지를 유심히 보시더니 군대 시절에 스승인 경봉 스님께서 여러 번 편지를 보내주셨다며 회상에 잠겼다. 첫 만남부터 좋은 인연이었다. 차담을 나누면서 나는 스님의 가풍을 넌지시 짐작했다.

스님은 중생교화 방편으로 염불을 강조하는 말씀을 여러 번 했다.

"서산대사께서는 '염불이 참선이요, 참선이 염불이다'라고 했어요. 영명 연수선사는 '참선을 하면서 염불하는 것은 호랑이가 날개를 다는 것과 같다'고 했고요. 참선과 염불을 함께하면 성불이 빠르다는 얘기지요. 은사인 경봉 스님께서도 1915년도에 극락암에 만일염불회를 개설하셨고 평소에도 염불에 대해서 법문을 자주 하셨습니다."

원산 스님이 염불에 관심을 가지게 된 것은 백련암 죽림굴에서 1997년 2월부터 3년간 무문관 정진할 때였다고 한다. 7년간 사사했던 관응 스님이 입적하기 얼마 전에 당신의 시자 편에 편지를 보내왔던 것이다.

편지의 내용인즉 무문관 정진을 하는 원산 스님의 건강 걱정으로 시작해서 '염불이 불교의 근본이다. 다른 논설은 지엽에 불과하다. 원산 스님, 항상 아미타불을 부르면서 일체 중생을 견인하는 데 책임을 지소서'라고 염불수행을 권유했다.

이후 스님은 통도사 박물관에 보관된 옛 백련암 누각에 '백련정사 만일승회기白蓮精舍 萬日勝會期'라는 장문의 글을 발견했다. 동진 때 혜원법사가 여산 동림사에서 백련결사를 결성해 123명이 깨달음을 얻었고, 신라 발징화상은 강원도 건봉사에서 '만일염불회'를 개설하여 31인이 허공(극락)에 올라갔다는 내용이었다. 스님은 곧 염불수행의 시절인연이 왔다고 생각하고 백련암을 백련정사로 바꾸고 영축총림의 염불원으로 지정받았다.

스님이 좋아하신다는 경전 한 구절이 지금도 잊히지 않는다.

경봉 스님 상좌 • 경봉 스님을 시봉하던 시절의 명정 스님(오른쪽)과 원산 스님(왼쪽).

아미타불이 어디 있는가
마음을 잡아두고 간절히 잊지 마라
생각하고 생각해서 생각이 없는 곳에 이르면
육문六門에서 항상 금빛 광명이 나리라.
阿彌陀佛在何方
着得心頭切莫忘
念到念窮無念處
六門常放紫金光

　마지막 구절의 육문이란 눈, 코, 귀, 혀, 몸, 마음으로 심신을 말함이니 온몸에서 항상 금빛 광명이 난다는 뜻이리라. 또한 온몸에서 항상 금빛 광명이 난다는 말은 불佛을 이뤘다는 뜻이 아닐 것인가! 스님께서 2008년 10월 15일에 '만인동참 만일염불회'를 입제했으니 회향하는 날은 2028년 10월 15일이다. 스님의 나이 93세 때의 일이 될 것이다. 일념一念이 만년萬年이라고 했으니 만년이 일념도 된다. 그리 먼 시간은 아니다. 날빛이 더 밝아질 것 같은 그날이 기다려진다.

사바세계를 무대 삼아 한판 신명 나게 놀아보는 연극이 바로 우리네 삶의 행복이 아닐 것인가. 우리 인생이 꿈이고 연극이라면 세상의 언저리에서 쭈뼛거리는 조연이 되지 말자. 그대와 나 모두가 주인공이 되어 한바탕 멋들어지게 사는 게 갈채를 받는 만원사례의 연극일 것이다. 한바탕 꿈일지언정 누구에게나 잊히지 않는, 그래서 영원히 사는 소중한 내 인생이 될 것이다.

극락암에는
대문이 없는데 빗장은 있구나

도인은 가는 곳을 알고, 중생은 죽는 날을 모른다

극락암 삼소굴에서 하룻밤 묵고 아침 산책 중에 낙엽이 쌓인 도토리나무 밑을 무심코 보다가 허연 빛깔의 비닐 끈 같은 것을 보았는데, 자세히 보니 뱀의 허물이었다. 걸음을 멈칫거리게 하면서도 내 시선을 붙잡는, 바늘로 꼭 찌르는 것 같은 긴장을 주는 기묘한 허물이었다. 허물에는 아직도 뱀의 잔상이 남아 있는 것 같았고, 뱀만이 아니라 내게도 집착과 미망으로부터 벗어나야 할 허물이 있을 것 같았던 것이다.

삼소굴 툇마루에 앉으니 극락암 전경이 편하게 다가온다. 무서리가 내린 기왓장이 축축하게 보인다. 법당 뒤로 꼿꼿하게 선 대나무들이 오늘 따라 더 푸르다. 경봉 스님께서도 툇마루에 앉으셔서 계절이 오가는 극락암을 바라보며 소참법문이나 시상詩想을 구상하셨으리라는 생각이 든다.

산중 절의 아침 시간은 넉넉하여 풍요롭다. 경박하게 윽박지르는 도회지의 시간과는 다르다. 새벽 3시쯤에 일어나 법당에 들른 뒤 아침공양을 하고 나면 그다음부터는 갑자기 한가해진다. 격류처럼 빠르게 휩쓸려가는 도회지의 출퇴근 시간과는 그 체온과 표정이 사뭇 다르다. 사람대접을 해주는 산중 절의 아침 시간이다. 산책을 하고 돌아와 빈둥거리며 이런저런 상념에 잠겨보지만 아침 햇살을 만나려면 한참을 더 기다려야 한다. 스님과 차 마시는 시간이 없다면 공연히 허전해질 정도다. 극락암 스님과 작별하는 데 익숙해진 나만의 형식이 있다면 차 한 잔 마시는 것이기에 그런지도 모르겠다.

나는 절에서 깊이 잠들지 못하는 편이다. 저잣거리에서 지은 업業이 나를 미행하는 것도 같고, 새소리 물소리 바람 소리가 내 몸속까지 들어와 나를 헹구는 것도 같다. 밤새 가랑잎처럼 몸을 뒤척이다가 새벽에 울리는 도량석의 목탁 소리를 듣고 나서야 한두 시간 겨우 눈을 붙이는 게 고작이다.

그러나 경봉 스님이 주석하셨던 극락암 삼소굴은 다르다. 스님의 자애로운 체취가 남아 있어 그런지 편안하다. 어느 철이든 삼소굴 방에 앉으면 스님의 장삼 속으로 들어간 느낌이 든다. 삼소굴 툇마루에 앉아 있을 때도 경봉 스님이 옆에 계신 것 같은 기분이 들 때가 많다. 스님께서 툇마루에 앉아 계신 사진을 몇 장 가지고 있어서 그

경봉 스님과 명정 스님 • "스님 가신 뒤에도 뵙고 싶습니다." "야반삼경에 대문 빗장을 만져보거라."

런 것일까. 경봉 스님과 시자 명정 스님이 함께 앉아 촬영한 1975년 4월의 사진도 내가 가지고 있는 사진 가운데 한 장이다.

다 알다시피 경봉 스님이 입적하신 곳은 삼소굴이다. 경봉은 생전에 늘 말했다. 도인과 중생의 차이는 네 가지를 알고 모르는 데 있다고 했다. 이른바 중생의 네 가지 큰 의혹이었다.

자기를 모르는 것.
온 곳을 모르는 것.
가는 곳을 모르는 것.
죽는 날을 모르는 것.

경봉 스님은 입적하시기 15년 전에 이미 당신이 갈 날을 예견하고 있다. 《삼소굴 일지》에 의지하여 잠시 그때의 시간과 공간으로 이동해본다.

경봉 스님은 새벽예불을 마친 뒤 삼소굴로 돌아와 잠깐 조는 사이에 토막 꿈을 꾸었다. 꿈속에서는 시간이 과거와 미래가 한데 엉켜 있었다. 꿈속에서 경봉은 무봉사에서 함께 정진했던 사판승 대월과 한방에 앉아 있었다. 대월은 그때 무봉산 기슭에 사명당 동상

건립을 위해 불철주야로 노심초사하고 있었고, 경봉은 그의 뜻에 동조하여 마음을 보태주었던 것이다.

꿈속에서 책상 위에는 검은 망건을 쓴 두 사람이 있었다. 그런데 그중 한 사람이 내려와 "두 사람 중에 한 사람이 먼저 갈 것이다"라고 말했다. 경봉은 따져 묻지 않았지만 먼저 갈 사람은 대월을 지칭하는 듯했다. 경봉은 병풍 뒤로 망건 쓴 그 사람을 따라가 은밀히 물었다.

"나는 몇 살에 가겠습니까."

"그대는 90을 넘기겠소."

경봉은 저승사자와 대화를 나눈 꿈에서 깨어나 씁쓸하게 웃었다. 대월이 못내 마음에 걸렸으므로 시자를 불러 이른 아침인데도 차를 달이게 했다. 그럴 때 한 잔의 그윽한 차는 과거와 현재, 미래의 모든 일을 관조하게 하는 방편인 것이었다.

이와 같은 꿈 말고도 당신의 갈 날을 예견한 경봉 스님의 일화는 또 있다. 이 일화는 당신의 《삼소굴 일지》나 법문집인 《경봉 스님 말씀》에 단 한 줄도 나와 있지는 않은 것이다. 한시가 급하니 하루 빨리 지장기도를 하여 업장을 소멸하라는 경봉 스님의 당부를 받은 한 여신도로부터 직접 받아둔 사연이다. 내가 경봉 스님의 소설을 쓰려 한다는 소문이 나자, 어느 날 그 여신도가 내게 장문의 편지를 보내왔던 것이다. 나는 사실을 확인하고 싶어 그 여신도와 전화통

삼소굴 전경 • 인생은 연극이니 한바탕 멋들어지게 살아라.

화를 서너 차례 한 적이 있다. 자신은 지금도 절에 가서 기도를 하는 불자인데 신분을 철저하게 감춰달라고 부탁하는 것으로 보아 그녀의 얘기는 사실이 분명했다.

다음은 경봉 스님의 지시로 지장기도를 하게 된 그 여신도가 내게 보낸 편지를 재구성하여 써둔 스님과 그 여신도의 인연 이야기다. 허구가 아닌 완전한 논픽션이다. 이 내용을 굳이 여기에 소개하는 까닭은 경봉 스님이 신도들의 전생사前生事를 환히 꿰뚫어보신 분이라는 것을 기록으로 남기고 싶어서다. 경봉 스님을 연구하는 종교학자들에게는 귀중한 자료가 될 것으로 믿는다.

1975년 음력 10월 3일

가끔 싸늘한 바람이 부는 초겨울로 접어들어 한 줌의 볕이 따뜻하게 느껴지는 날이었다. 산문 밖으로 흐르는 물소리도 어느새 차갑게 다가왔고 바람이 불 때마다 목이 움츠러들었다. 어느새 사람들은 겨울옷을 꺼내 입고 종종걸음으로 절을 향해 올라가고 있었다.

통도사 보광전에서는 경봉 스님의 사형인 구하 스님의 추모제가 열리고 있었다. 해제 철이었으므로 빈방이 된 보광선원은 재 지낼 상차림 때문에 통도사의 노보살과 젊은 보살들이 부산하게 들락거렸고, 선원 별실인 작은 방 밖에는 극락암에서 내려온 경봉 스님을 친견하기 위해 전국에서 모여든 신도들이 줄을 서 자기 차례를 기다리고 있었다. 한꺼번에 신도들이 몰릴까 봐 시자스님과 보살 한 사람이 방문을 잡고 일곱 명씩 끊어서 방 안으로 차례차례 들여보내고 있었다.

순서를 기다리던 신도들은 경봉 스님을 가리켜 도인이라고 수군거렸다. 내게 경봉 스님과의 인연을 고백하듯 편지를 보낸 그녀도 경봉 스님을 친견하는 일이 처음이라 약간은 어리둥절한 채로 낯선 아주머니 보살들 사이에 끼여 있었다.

이윽고 갓 20세가 된 그녀는 낯선 아주머니 보살들을 따라 방으로 들어가 경봉 스님에게 인사를 올리게 되었다. 보살들은 익숙하게 오체투지로 경봉 스님에게 삼배를 올리고 있었는데, 아직 솜털이 보송보송한 그녀는 일행 중 다섯 번째에 서서 난생 처음으로 유가儒家식으로 큰절을 시작했다.

경봉 스님은 어린 그녀가 큰절하는 모습을 미소 지으며 지켜보고 있었다. 나이 든 아주머니 보살들은 그러거나 말거나 오체투지를 기계처럼 능숙하게 하고 있었다. 구하 스님 재 지내러 왔다가 운 좋게 경봉 스님을 친견한 것만도 집에 돌아가면 두고두고 자랑할 만한 애깃거리였기 때문이다. 그녀는 마지막 절을 하고 일어서다가 경봉 스님의 눈과 마주쳤다. 넓은 방에 탑처럼 우뚝 앉아 있는 경봉 스님이 인자한 할아버지 같다고 생각했다. 그러면서도 보통 할아버지와는 다르게 경봉 스님에게서는 스님의 몸을 부드럽게 감싸고 있는 존귀한 빛이 느껴졌다. 어린 그녀는 두려운 생각 없이 경봉 스님을 계속 쳐다보았다.

잠시 후 경봉 스님이 왼편 가장자리에 서 있는 나이 든 아주머니 보살에게 물었다.

"야는 누가 데리고 왔노."

경봉 스님은 대답이 없자 다시 물었다.

"이 아 엄마가 누고."

보살들끼리 곁눈질하며 대답하라고 채근하는 사이에 노보살이 나섰다.

"스님, 애기 보살 엄마는 못 오고 애기 보살이 혼자 왔습니다."

경봉 스님은 다시 한 번 가장자리에 앉은 보살에게 말했다.

"추모재 지내고 공양 후에 야 데리고 극락암 내 방에 왔다 가라."

"큰시님, 오늘 저는 시장 일이 바빠서 극락암 갈 시간이 없십니더."

경봉 스님은 보살의 사정을 봐주지 않고 말했다.

"이 아가 극락암을 모른다. 시장 일이 바빠도 다른 이한테 부탁하지 말고 야를 극락암 내 방으로 데려다주고 부산 가그래이."

"예."

그러나 경봉 스님의 지시를 받은, 시장에서 가게를 하는 보살은 구하 스님의 재가 끝나자마자 점심공양을 재빠르게 하더니 어린 보살에게 이런 말을 남기고 함께 온 일행들과 도망치듯 가버렸다.

"나는 니를 처음 보는데 니 엄마가 누고. 니 몇 살이고. 아직 시집 갈 나이도 아닌데 큰시님이 이상하시네, 너거 집이 큰 부자가. 나는 시장 일이 바빠서 빨리 가봐야 된다. 극락암 큰시님 친견하고 싶으면 다음 달 음력 초하룻날 니 엄마하고 함께 오너라."

그리고 나서 집으로 돌아온 어린 그녀는 곧 경봉 스님을 잊어버렸다. 얼떨결에 친견한 경봉 스님의 인상이 뇌리에서 차츰 사라져 갔던 것이다.

열반 직전에 지장기도를 시켜 여신도를 구원하다

이후 6년이 흘렀다. 경봉 스님을 다시 친견하게 된 것은 대구에 사는 신심 깊은 선배 때문이었다. 그 선배는 유독 경봉 스님을 친견하고 싶어 간절히 기도해왔는데, 웬일인지 극락암에 혼자서 갈 용기는 나지 않는다며 그녀에게 동행하자고 간청했던 것이다. 그녀는 선배의 청을 거절하지 못해 땀을 뻘뻘 흘리며 걸어서 통도사 경내를 지나 극락암으로 따라갔다.

흐드러지게 핀 옥잠화 향기가 극락암 마당에 은은하게 퍼져 있고, 극락암의 정적을 깨는 매미 소리가 시끄러운 한여름이었다. 하안거를 해제한 지 얼마 안 된 호국선원에는 만행을 떠나지 않은 몇몇 선객이 가부좌를 틀고 있었고, 경봉 스님은 자신을 찾아와 안거

기간 동안 공부했던 바를 점검받고 싶어하는 선객들을 지도하고 있는 중이었다.

두 사람은 경봉 스님을 시봉하는 칠보행 보살의 안내로 삼소굴로 들어가 삼배를 올렸다. 칠보행 보살은 두 사람이 삼배를 올리고 나자, 경봉 스님을 대신해서 앉으라고 말한 다음 자신도 한 자리 잡고 앉았다. 가부좌를 튼 경봉 스님 앞에 세 사람이 앉게 되자, 작은 방이 더 좁아 보였다. 방벽과 천장은 장작불의 고래연기로 그을려 누랬고, 보통 사람보다 앉은키가 큰 경봉 스님은 예전과 같이 눈을 마주치고 나서야 물었다.

"니 이디서 왔노."

"울산에서 왔십니더."

"울산이 다 너거 집이가."

"아닙니더."

"그라면 어데서 왔노. 울산 무슨 동에서 왔나 말이다."

"예, 약사동에서 왔십니더."

경봉 스님은 같은 방법으로 대구 선배에게도 물었다."

"니는 어데서 왔노."

"대구 대명동에서 왔십니더."

"니 올해 몇 살이고."

"스물아홉입니더."

"니는."

"스물여섯입니더."

가부좌한 경봉 스님이 가까이 오라고 하여 두 사람이 아이처럼 좋아하며 스님의 무릎께까지 가서 앉았다.

보살은 문득 경봉 스님의 손을 자세히 보았다. 90세가 넘은 노승의 손인데도 아기 살갗처럼 하얗고 고왔다. 잠시 후 경봉 스님이 한마디 하며 자리에 누웠다.

"구구 팔십일을 알아라. 나 누워 잘란다."

스님이 눈을 감자, 시봉하는 칠보행 보살이 이부자리를 반듯하게 손을 보더니 보살에게 "큰스님 주무시게 나가자"고 말했다.

경봉 스님을 친견하게 된 그녀는 마음이 출가 쪽으로 급격하게 기울었다. 다음 해 봄에는 절을 찾아가 출가의 소원이 이루어지게 해달라고 기도하기에 이르렀다. 그런데 찾아간 절의 비구 스님은 출가하려는 그녀에게 재가에 남아 보살행을 할 것을 권유하며, 극락암 경봉 스님의 소식을 전해주었다. 경봉 스님이 열반을 준비하고 계시는 것 같으니 어서 친견하고 오라며 재차 삼차 강권했다. 그러나 그녀는 경봉 스님도 출가를 만류할 것 같아 극락암에 가지 않겠다고 버텼다.

열병을 앓는 것처럼 번민하던 음력 5월 초이틀이었다. 그녀에게 믿기지 않는 일이 벌어졌다. 경봉 스님의 신통이라고 말할 수밖에

극락암 • 영축산 산자락의 대숲은 언제 보아도 허리를 곧추세우고 있고, 암자는 좌선 중이다.

없는 불가사의한 일이 벌어진 것이다. 경봉 스님이 노발대발한 모습으로 그녀의 집 방문 앞에 우뚝 서서 이렇게 말했다.

"니 지금 뭐하고 있노. 당장 일어나 뒤를 따라오너라."

"큰시님, 저희 집을 어떻게 아시고."

"입 닫고 아무한테도 말하지 말고 속히 극락암으로 오너라. 한시가 급하다. 지체할 시간이 없다."

그녀는 몹시 놀라 극락암에 가지 않겠다는 고집을 접고 지갑만 챙겨 든 채 택시를 불러 타고 달렸다. 한두 시간 뒤, 정오 무렵에야 극락암에 도착했다. 그런데 삼소굴은 이미 출입금지 구역이 되어 있었다. 승속을 불문하고 스님의 친견을 막고 있었다. 며칠째 미질을 보이는 경봉 스님을 보호하기 위해서였다. 그녀는 낯익은 칠보행 보살에게 통사정을 했다.

"큰시님께 삼배만 올리고 나오겠십니더."

칠보행 보살은 사정사정하는 그녀를 애처롭게 여겼는지 특별히 허락했다.

"큰시님, 어디로 떠나면 되겠십니꺼."

"어디든 가서 49일 지장기도를 하거라. 니 죽어서 지내는 천도재가 아니라 살아 있을 때 니 재를 올리라 말이다. 니가 태어나서 27년 동안 알게 모르게 지은 업을 참회하고, 이 몸뚱이 받기 이전의 생에서 알게 모르게 지은 업을 참회하고, 무시이래로부터 탐진치

삼업으로 지은 업을 참회하거라. 한시가 급하다. 지체할 시간이 없다. 니가 업장을 소멸하겠다는 49일 지장기도를 입재하면 내 즉시 입적에 드마. 49일 기도 중에 내가 입적했다는 소식을 들어도 니 전생을 알기 전에는 니 있는 그 자리에서 한 발짝도 움직이지 마라. 극락암 찾아올 생각하지 말고 신명을 바쳐야 한다."

경봉 스님의 목소리에는 단 한 사람이라도 더 구원하겠다는 깊이를 헤아릴 수 없는 자비심이 묻어 있었다.

"어서 속히 떠나거라!"

그녀가 일어서서 반배를 하자, 경봉 스님이 '어서 떠나라'며 손을 저었다. 그런데 그녀는 바로 지장기도처를 정하지 못하고 방황했다. 업장소멸 기도처를 찾아 부산에서 서울까지 올라갔지만 마땅한 데를 정하지 못했다.

결국 그녀는 서울 부근에서도 기도처를 정하지 못하고 극락암 경봉 스님을 한 번 더 찾아가 친견하든지, 친견이 안 되면 영축산 산내암자들 가운데 한 곳에서 49일 지장기도를 해야겠다고 결심하고 부산으로 내려가던 중이었다.

하행열차가 천안과 평택을 지나 조치원역에 정차했다가 막 발차하려는 순간이었다. 예전에 부산 집에서 보았던 것처럼 또다시 비몽사몽간에 경봉 스님이 홀연히 나타나 천둥 같은 큰소리로 호통을 쳤다.

"니 지금 뭐하고 돌아다니노. 젊은 청춘에 요절하고 싶나. 어서 업장소멸 기도를 입재하거라. 한시도 지체할 시간이 없다."

경봉 스님이 그녀의 배를 툭 치고 사라진다 싶었는데, 갑자기 그녀는 열차 바닥을 데굴데굴 굴렀다. 창자가 마디마디 끊어져 터져 나올 듯 아팠다. 온몸에서는 식은땀이 팥죽처럼 흘렀다. 성하던 고막이 터질 것만 같은 통증 때문에 부산은커녕 대구도 못 가서 내려야 할 것 같았다.

할 수 없이 그녀는 대전역에서 내려 역전의 병원을 찾아가 응급조치를 받았다. 그리고 난 다음날에야 아는 비구니 스님 절을 찾아 노스님에게 자초지종을 얘기하고 하루를 쉴 수 있었다. 마침내 그녀는 1982년 음력 5월 26일 사시에 대전의 그 비구니 스님 절에서 업장소멸의 49일 지장기도를 입재했다.

경봉 스님은 당신이 예언한 그대로 그녀가 입재한 다음날 열반에 들었다. 그러나 그녀가 경봉 스님의 열반을 알게 된 것은 그로부터 엿새가 지난 후였다. 절에 우송된 주간지 불교신문을 보던 기도 스님이 그녀에게 달려와 많이 놀랐던지 '경봉 스님이 입적하셨다'고 말을 더듬거리며 알려주었던 것이다.

여기까지가 내게 보낸 그 여신도의 편지 내용인데, 다만 내가 읽기 쉽게 소설 형식으로 바꾼 것뿐이다. 더 정확하게 말하자면《야반삼경에 촛불 춤을 추어라》의 내용을 간추린 것이다. 내가 그녀의 편지를 신뢰하고 있는 까닭은 그녀의 종교적인 체험과 경봉 스님의 열반 일지日誌가 놀랍도록 일치하고 있기 때문이다. 내게 편지를 보낸 여신도는 경봉 스님과의 인연을 강조하고 있지만 나를 흥미롭게 한 것은 크게 두 가지였다. 하나는 경봉 스님이 당신의 열반을 그 여신도를 통해서 예언한 것이고, 또 하나는 당신의 열반이 다가오고 있음에도 불구하고 그 여신도를 구원하겠다는 큰 자비심이었다.

어쨌든 그 여신도는 경봉 스님이 시킨 대로 49일 지장기도를 했고, 또 그로 인하여 그녀 자신은 경봉 스님의 말씀대로 업장이 소멸됐을 터이다. 만약 그리 됐다면 그 여신도에게는 업장의 굴레를 벗어나는 구원이 됐을 것이다.

야반삼경에 대문 빗장을 만져보거라

나는 누구든 눈을 감는 순간에 자신의 살림살이를 다 드러내놓고 가는 것이라는 사실을 인도 쿠시나가라의 열반당에 봉안된 부처님 열반상에서 깨달은 적이 있다. 부처님은 열반하시면서 미소를 지으셨다. 그 영원한 미소야말로 '나는 이렇게 살았노라'라는 거룩한 은유이자 세상 사람들에게 던지는 '침묵의 법문'이라는 생각이 든다.

한편 경봉 스님은 시자 명정에게는 그 여신도에게 지시한 것처럼 통도사 부도들 • 전생 일을 알고자 하는가, 지금 받고 있는 그것이다.
내생 일을 알고자 하는가, 지금 하고 있는 그것이다.

지장기도를 시키지 않고 화두를 던졌다. 1982년 7월 17일(음력 5월 27일).

시자 명정은 경봉 스님의 숨이 경각에 달려 있음을 직감하고 다급하게 물었다.

"스님, 가신 뒤에도 뵙고 싶습니다. 어떤 것이 스님의 참모습입니까."

그러자 경봉 스님이 화두를 던졌다.

"야반삼경에 대문 빗장을 만져보거라."

삼소굴의 벽시계는 오후 4시 25분을 가리키고 있었다. 시자 명정에게 던진 스님의 화두는 단 한 줄의 임종게이기도 했다. 극락암에는 문이 없는데도 빗장이 있다는 말씀이다. '문 없는 문'의 빗장을 만지라는 것이니 화두가 틀림없다.

만약 내가 그 자리에 있었다면 스님께서는 내게 무슨 말씀을 하셨을까. 까치를 잘 그렸던 장욱진 화백에게 비공非空이란 법명을 주면서 내렸다는 게송이 문득 떠오른다.

무아 무인이라야 자재하게 관할 것이요
비공 비색이라야 여래를 볼 것이니라.
無我無人觀自在
非空非色見如來

'나'라는 울타리를 넘어 무아無我를 이루어야만 자유로움을 얻을 것이요, 본질空이나 현상色에 집착함이 없어야 진리를 만날 수 있을 것이라는 뜻이리라.

무아란 나라고 고집하는 나가 아니다. '집착하는 나' 혹은 '거짓 나'를 죽여야만 드러나는 진경眞景의 '참나'이다. 여기서의 죽임은 살생이 아니라 나를 위한 큰 자비요 축복이다. 그런데도 사람들은 그러한 나를 본래의 나라며 착각하고 집착하면서 산다. 자기에게 주어진 시절인연을 거스르면서 욕망을 내려놓지 못한 채 끙끙대며 산다. 경봉 스님과 인연이 깊었던 서옹 스님께서는 생전에 내게 '살아도 죽은 사람이 있고 죽어도 산 사람이 있다. 지금 여기서 어떻게 살겠느냐'고 말씀했다. 죽어도 산 사람이란 집착하는 나를 버리고 본래의 나를 찾은 대자유인일 터이다. 그렇다. 자기에게 다가온 시절인연을 잘 살피면서 '크게 죽는 것이 크게 사는大死一番 大廓顯正' 길이 아닐까 싶다.

그러나 이는 내 그릇으로 담기에는 너무 넘치는 법문이다. 눈부신 경지의 말씀이다. 경봉 스님은 저잣거리에서 울고 웃으며 사는 내 근기를 살피시어 좀 더 쉽게 말씀하셨을 것 같다.

"인생은 연극이니 한바탕 멋들어지게 살아라."

사바세계를 무대 삼아 한판 신명 나게 놀아보는 연극이 바로 우리네 삶의 행복이 아닐 것인가. 우리 인생이 꿈이고 연극이라면 세상의 언저리에서 쭈뼛거리는 조연이 되지 말자. 그대와 나 모두가 주인공이 되어 한바탕 멋들어지게 사는 게 갈채를 받는 만원사례의 연극일 것이다. 말 그대로 우레와 같은 박수를 받는 인생일 것이다. 한바탕 꿈일지언정 누구에게나 잊히지 않는, 그래서 영원히 사는 소중한 내 인생이 될 것이다.

소금이 바닷물에서 나지만 물에 들어가면 녹으며,
봄이 오면 비바람으로 꽃을 피우지만 또 그 비바람으로 꽃이 지고,
여인의 몸에서 사람이 태어나지만 여인에 의해 스러진다.

통도사 자장암 탑 • 진리법문이 귀에 한번 스치면 언젠가 깨달음의 꽃이 되리라.

눈과 귀를 맑히는 경봉 스님 말씀

제 2 부

물은 젖는 것이 성품이요
불은 뜨거운 것이 성품이요
소금은 짠 것이 성품이요
사람은 지각한 마음자리가 자기 본래 성품이다.

• 법어 •

지은 업은 받아야만 녹는다

다만 웃을 뿐이로다

비가 와도 물은 고여 있지 않고
구름이 일어도 자취를 찾을 수 없고
바람이 불고 새가 노래하더라도
그 자취는 찾을 수가 없는 것이다.

만상이 모두 이러한데
무엇을 두려고 할 것이 있겠는가.
두려고 하여도 둘 것이 없고
감추려고 해도 감출 곳이 없다.

그러니 두려고 하는 것도 망상이요
영원히 전하려 하는 것도 망상이다.

다만 이러한 속에서
가가呵呵 가가呵呵 웃을 뿐이로다.

―

모든 일은 시절인연이다

소금이 바닷물에서 나지만 물에 들어가면 녹으며
봄이 오면 비바람으로 꽃을 피우지만 또 비바람 때문에 꽃이 지고
여인의 몸에서 사람이 태어나지만 여인에 의해 스러진다.

―

내 몸의 주인공을 찾아라

우리가 이 몸을 애지중지하지만
부모님의 물건이지 내 물건은 아니다.

참으로 나라고 할 수 있는 것은
이 몸을 운전하고 다니는
소소영령昭昭靈靈한 그 자리다.
나의 주인공이다.

―

마음이 청정하면 그것이 부처님이다. 마음이 곧 부처님인데, 마음이라고 하는 것은 하나의 이름에 불과하고 청정한 마음, 그 자리가 부처이다.

―

매화가 찬 눈雪 속에서 피면 향기가 그윽하게 짙고
수행인이 신고辛苦 끝에 도를 알면 마음 광명이 온 누리를 비춘다.

―

마음이 없는 것이 아니라 망상이 없는 그것이 무심이다.

―

마음은 비색非色이니 색에 속하지 않으며
마음은 비색도 아니니 색 아닌 것에도 속하지 않고
마음이 비록 색을 비추나 색에 속한 것이 아니며
마음이 비록 비색을 비추나 비색에 속한 것도 아니다.

―

물은 젖는 것이 성품이요
불은 뜨거운 것이 성품이요
소금은 짠 것이 성품이요
사람은 지각한 마음자리가 자기 본래 성품이다.

―

하루 종일 밥 먹을 때 밥 먹는 놈을 모르지 하루 종일 가도 가는 놈을 모르지 하루 종일 보아도 보는 놈을 모르지 하루 종일 소리를 들어도 듣는 놈을 모른다. 듣는 것이 무엇이며 가는 것이 무엇이며 말하는 것이 무엇이냐고 물어도 모른다. 입이 어디 밥 먹느냐, 다리가 어디 걷느냐. 만약 다리가 간다고 하면 죽은 송장도 다리가 있어 갈 수가 있는가. 눈이 본다고 하면 죽은 송장도 눈이 있는데 어디 볼 수 있느냐. 그러니 무엇이, 보는 놈이 있는데 그것을 알아야 하는 것이다.

―

일상생활이 그대로 불법이고 도道다

《금강경》 첫머리에,
부처님이 밥 먹을 때를 당해 가사를 수하시고 발우를 가지고
사위대성으로 들어가 차례로 걸식한 뒤
본처로 돌아와서 밥 잡수시기를 마치고
옷과 발우를 거두시고 발을 씻고
자리를 펴고 앉으셨다,라고 하였는데
무엇 때문에 그 소중한 경전에 밥 얻어먹고
발 씻고 자리를 펴고 앉은 것을 경전 처음에 넣었겠는가.
진리가 다 거기 있기 때문이다.

―

생활이 불법이요, 우리의 모든 행동이 불법이지, 불법이 어디 따로 있는 것이 아니다. 공기 가운데 전기 전자는 사람과 나무와 돌과 물과, 삼라만상 어디에도 다 통하지 않는 곳이 없듯이 불법의 진리도 마찬가지다.

―

우리가 그 깊고 광대한 부처님과 조사님의 은혜를 갚는 길은 그저 어쨌든 하루 삼시 밥 잘 챙겨 먹고 잘 조는 데 있다.

―

극락암에서 소변을 보는 곳은 휴급소休急所, 대변을 보는 곳은 해우소解憂所다.(이 세상에 아무리 급한 일이 있더라도 소변이나 대변을 보고 나서야 일을 볼 수밖에 없고, 근심 걱정을 잠시 쉬어가고 해결하는 곳이라는 뜻인데, 경봉 스님이 창작한 말로 해우소는 절에서 보통명사가 돼 사용하고 있다.)

―

수고가 있어야 한다

나락이 썩지 않으면 움이 안 터진다.
촛불도 제 몸이 타지 않으면 광명이 나지 않는다.
향도 제 몸을 사르어야 향기가 난다.
사람도 수고가 있어야 화평의 미덕이 생긴다.

—

금광에는 은도 있고 동도 있고 철도 있다.
잡철을 제련해서 이십사금이 되어야
세계에 통용되는 보배가 된다.
이와 같이 사람의 마음 가운데
하찮은 마음이 쑥 빠져야
그 사람이 남을 지도하는 스승이 된다.

—

논에 물이 많이 있어도
뒷물이 들어가지 않으면 결국 마르듯이

전생에 복을 좀 지었더라도
금생에 논에 뒷물 넣듯이 일을 많이 하여
음덕을 많이 베풀어야 한다.

─

병든 사람에게 약을 사 먹이거나 배고픈 사람에게 양식을 사다주는
그런 돈은 관세음보살이 되고
술 마시고 음행하고 도박하고 돈에 눈이 멀어 서로 삿대질하는
그런 돈은 마구니다.

─

누구든지 활발하게 산 정신으로 이 세상을 살아야 한다. 낙엽도 활기를 띠고 하늘에 가득한 바람과 비를 타고 훨훨 나는구나. 낙엽이 땅에 떨어져 있으면 사람도 밟고 개도 밟아 아무 가치가 없는 것이지만 바람과 비에 활기롭게 나는구나. 낙엽도 벽공碧空을 풀풀 나는데 만물 중에 가장 슬기로운 사람이 좀 실패를 당했다고 해서 근심에 담겨 있대서야 되겠는가. 다시 정신을 가다듬고 힘을 내야 한다. 이것이 이른바 끊어진 곳에서 다시 사는 絶後更生 패

배할 수 없는 인간인 것이다.

—

자고 일어나 세수를 하고 화장을 하면서도 마음 가운데 때가 있고 없고는 생각하지 않는다. 하루에 한 번씩만 내 마음 가운데 하찮은 생각이 있나 없나를 살펴볼 일이다.

—

석가여래가 별다른 것인가

날이 훤하게 새자면 캄캄해졌다가 밝아지듯이 수좌가 공부하는 것도 이와 같은 것이다. 초목이 추운 겨울에 꽁꽁 얼었다가도 봄이 오면 다시 잎이 나고 꽃이 피는 것처럼, 우리 수도인들도 뼈를 갈고 힘줄이 끊어지는 듯한 고통을 참아가며 피나는 노력을 해야 온누리 속에서 홍일점과 같은 찬연한 진리의 광명을 얻을 수 있다.
바다는 온갖 시냇물과 작은 물줄기가 강으로 합해진 뒤에 이루어지고, 하늘도 맑은 공기가 충만해서 새파랗게 보이는 것이지 본래 하늘에 푸른 빛깔이 있는 것은 아니지 않은가. 우리는 때로 공부를 하다가 졸거나 망상에 시달리곤 한다. 하지만 물방울이 비록 작으나 모이고 합쳐져서 큰 바다를 이룬다는 것을 알고 꾸준히 정진해야 한다.
석가여래가 별다른 것인가! 자기도 장부요 나도 그러하니 용기를 내어서 하면 못 이룰 것이 없는 것이다.

―

지은 업은 받아야만 녹는다

우리 인간을 비롯하여 날짐승, 길짐승 등의 모든 중생은 자기가 지은 업대로 살게끔 되어 있다. 그런데 짐승들은 업을 받기만 하지만, 사람은 업을 받는 것과 동시에 새롭게 개척해가는 능력이 있다. 새는 더워도 깃털을 감싸고 살지만 사람은 더우면 옷을 벗어버릴 수가 있다. 비록 모든 인간이 자기의 잘못으로 인해 곤란을 당하고 걱정 근심 속에서 살고 있지만, 한 생각 돌이킬 줄 아는 이 또한 인간이다.
지금의 고통을 자세히 관찰하면서 한 생각 돌이켜볼 줄 알아야 한다. 마음을 비우고 한 생각을 돌이켜 지은 업을 기꺼이 받겠다고 할 때 모든 업은 저절로 녹는다.

―

업장을 녹이는 방법이 한 가지 있다. 누가 자기를 보고 잘못한다고 나무라면 설혹 자기가 잘 했다고 하더라도 "예, 잘못했습니다" 하고 절을 한 번 하면 그때가 바로 업장이 녹아질 때다. 잘못했다고 나무라는데 '나'라고 하는 것이 가슴에 꽉 차 있으면 업장이 녹아질 수가 없다. 다 비우고 "내가 잘못했습니다"라는 한마디와 함께 아무 생각 없이 절을 하는 그때가 다겁다생多怯多生에 지은 죄악이 막 녹아내릴 때다.

―

업경대業鏡臺란 말이 있는데 그것이 무엇인가. 눈을 감고 어릴 때부터 지내온 모든 일들을 곰곰 생각해보면 잘잘못이 다 나타나는데 그것이 곧 업경대이다. 이 업경대가 맑고 깨끗해지도록 노력해야 한다. 한 생각 차이에 성현도 되고 범부도 되고, 악한 사람도 되고 착한 사람도 되니 한 생각을 잘 돌이키고 불교를 잘 믿어야 한다.

―

부처님이 설법하는 자리

두 눈에는 일월광명세존 日月光明世尊이 있어서 상주설법常住說法을 한다. 귀에는 성문여래聲聞如來가, 소리를 듣는 부처님이 있어서 온갖 소리를 듣고 나서 알려주는 것으로 설법을 한다. 코에는 온갖 냄새를 다 아는 향적여래香積如來가 있어서 언제나 설법을 하고, 입에는 법희여래法喜如來가 있어서 끊임없이 설법을 한다.
그런데도 사람들은 자기에게 있는 부처님의 법문은 들을 줄을 모른다. 오히려 어디서 법문을 한다고 하면 그곳을 찾아가기 바쁘고, 다른 사람의 말만 들으려 한다.

―

팔만대장경이란

팔만대장경도 거두어들여서 부득이 표현하자면 마음 심心자 하나 뿐이고, 펼쳐 놓으면 팔만사천문이 된다. 문이 이렇게 많아도 어느 것 하나 버릴 것이 없다. 문마다 마음을 떠나 있는 것이 아니기 때문이다.

―

진리법문이 귀에 스치면

진리법문이 귀에 한 번 스치기만 하면 여래장如來藏에 들어간다. 우리가 무엇을 보거나 듣고 기억하는 것은 다 여래장으로 들어간다. 이 여래의 곳집에 넣어두기만 하면 결국에는 깨달음의 꽃을 피운다.

―

시냇물가에서 물소리를 많이 듣고 자란 대를 베서 퉁소나 젓대를 만들면 소리가 곱다. 오동나무도 산중에서 자란 것보다 물가에서 물소리를 듣고 자란 것을 베서 거문고나 가야금을 만들면 소리가 곱다.
사람도 많이 보고 들으면 견문에 훈습되는 것이 있다. 참된 이치는 말이 없지만 이 말 없는 진리를 말해주는데 무슨 말인지 도저히 이해가 안 되더라도 누구나 여래장으로 통한다. 이 여래장으로 통하게 되면 언제든지 나오게 된다.

—

부처님 법문을 한 번 들어서 여래장에 넣어놓으면 이승을 떠나 나쁜 갈래의 길을 헤맬 때 길잡이가 된다. 여래란 온 것 같으면서도 온 것이 아니고, 간 것 같으면서도 간 것이 아닌, 즉 부처님을 말한다. 여래장이란 부처님의 창고를 말하는 것이다.

—

사바세계를 무대로 멋들어지게 살아라

진리를 말이나 글을 가지고 알려고 하면 백년을 말하고 백년을 글을 써내도 말은 말이고 글은 글이지 이 마음자리를 그려내지 못하고 써내지 못한다.

내가 항상 말하지만 이 사바세계를 무대로 연극 한바탕 잘하고 멋들어지게 살다가 가야 한다고 하니까 마치 춤이나 추고 노래나 부르고 술이나 먹고 뛰노는 것이 멋들어지게 사는 것인 줄 아는데 그것이 아니다. 물질과 사람을 초월한 정신을 가지고 있어야 이 사바세계를 무대로 연극 한바탕 잘하는 사람이 되는 것이다.

―

스님의 오도송

내가 나를 온갖 것에서 찾았는데
눈앞에 바로 주인공이 나타났네.
허허 이제 만나 의혹 없으니
우담발화 꽃빛이 온 누리에 흐르네.

我是訪吾物物頭

目前卽見主人樓

呵呵逢着無疑惑

優曇華光法界流

한 수좌가 경봉 스님에게 고개를 떨구었다.
"큰스님, 빈손으로 와서 미안합니다. 참으로 죄송합니다."
"그래, 미안한 마음이거든 내려놓아라."
"아무것도 가져오지 않았는데 무엇을 내려놓으란 말입니까."
"하하하, 그럼 계속해서 들고 있거라."

• 선문답 •

여기 극락에는
길이 없는데 어떻게 왔는가

물 없는 물, 불 없는 불

대학생 수련법회 때였다. 경봉 스님이 법상에 오르기 전에 좀 전 사미승인 공양주와 채공에게 본래면목을 물었던 말을 상기시켰다.

먼저 공양주에게 물었던 말이다.
"물이 없으면 무엇으로 밥을 짓겠느냐."
"개울물을 길어다 짓지요."
"개울물도 없으면 어떻게 하겠느냐."
"개울물도 없으면 생쌀을 먹지요."
채공에게도 물었다.
"불이 없으면 무엇으로 된장국을 끓이느냐."

"불이 없어서 국을 못 끓이면 생으로 먹지요."
경봉 스님은 웃고 말았다.

—

돌종 소리를 가져오라

대학생 반야구도회 회원들이 1주일 수련회를 시작하면서 던진 화두였다.
"통도사 적멸보궁 사리탑은 종하고 비슷해서 석종탑이라고 한다. 범종각의 종소리는 온 산골짜기를 울리는데, 이 돌종은 소리가 없다. 그러나 들을 귀가 없어 못 듣는 것이니 참선 열심히 해서 돌종 소리를 가져오라."

—

여기 극락에는 길이 없는데 어떻게 왔는가

20세기 고전 《슬픈 열대》에서 '세계는 인간 없이 시작되었고 또 인간 없이 끝날 것이다'라고 주장한 프랑스 작가이자 구조주의 철

학자인 레비 스트로스C. Levi Strauss가 극락암 삼소굴을 찾았다. 통역하는 사람이 배석했다. 경봉 스님이 15세쯤 손아래인 레비에게 물었다.

"여기 극락에는 길이 없는데 어떻게 왔는가."

통역하는 사람이 선문답인 줄 모르고 직역하자마자 레비가 대답했다.

"김포에서 김해까지 비행기 타고 왔고, 김해에서 통도사까지 승용차 타고 왔습니다. 여기까지 오는 데 길이 있었습니다."

"내가 물은 것은 그런 것이 아니다."

통역하는 사람이 레비에게 다시 전했다. 그러자 레비가 공손하게 말했다.

"나는 한국불교를 모르고 특히 참선을 모르니 답을 할 수가 없습니다."

"그래도 날 만났으니 무슨 할 얘기가 있지 않겠는가."

레비가 '스님이 극락암에 계신 지 얼마나 됐으며 한국불교와 일본불교의 차이는 무엇이며 제자들을 어떻게 가르치는가'에 대해서 물었다. 이에 경봉 스님이 말했다.

"그런 것은 중요한 질문이 아니니 다른 사람에게 물으시오."

통역하는 사람이 오히려 더 당황했다. 그제야 레비가 한마디 했다.

"하늘에서 인도되어 왔습니다."

"하늘에서 내려오느라 수고했다."

경봉 스님이 레비의 손바닥을 펴게 하더니 당신의 손바닥으로 소리가 나게 치며 물었다.

"내 손바닥과 당신의 손바닥이 마주쳐 소리가 났다. 이 소리가 당신의 손바닥에서 나는 소리인가, 내 손바닥에서 나는 소리인가."

레비는 충격을 받은 듯 몹시 상기되었다. 극락암을 나서면서 고개를 연신 갸우뚱거렸다. 세계적인 석학으로 불리는 레비도 생각과 말을 초월하는 선문禪門을 모르니 어쩔 수 없는 일이었다. 그러나 훗날 레비는 한국 방문 중에 경봉 스님과의 만남이 다른 무엇보다도 매우 인상적이었다고 술회했다.

―

외국에서 두 스님이 극락암 삼소굴을 찾아와 경봉 스님에게 예를 올렸다. 그러자 경봉 스님이 물었다.

"여기 극락에는 길이 없는데 어떻게 왔는가."

독일에서 온 스님은 말하지 못했고, 또 한 사람의 외국 스님이 오른손을 들었다. 그러더니 고함을 쳤다.

"아악!"

잠시 후 경봉 스님이 말했다.

"니 소리 내느라고 수고했다."

―

한 수좌가 극락암으로 경봉 스님을 찾아와 물었다.
"큰스님께서는 여기 극락에는 길이 없는데 어찌 왔는가, 하고 물으십니다. 큰스님께서는 극락이 있다고 보십니까."
"길이 없는데 어찌 극락으로 가겠느냐."
"부처가 누구입니까."
"묻는 수좌야말로 신여래新如來가 아닌가."

―

보통 사람들도 도인 스님이라고 소문 난 경봉 스님을 뵙기 위해 극락암을 수시로 올라왔다. 경봉 스님께 찾아가 삼배의 예를 올리면 스님은 반드시 절값 대신에 물었다.
"여기 극락에는 길이 없는데 어떻게 왔는가."
"……."
무슨 말인지 몰라 어리둥절한 표정으로 극락암을 내려가게 되는데, 스님은 그 보통 사람들을 위해 등 뒤에서 또 한마디를 했다.

"대문 밖을 나서면 거기는 돌도 많고 물도 많으니 돌부리에 걸려 넘어지지 말고 물에 미끄러져 옷도 버리지 말고 잘들 가거라."

스님이 던지는 화두에는 답을 내놓지 못했지만, 이 '돌멩이와 물이 많은 세상'이라는 말에는 공감이 되어 인생길의 좌우명으로 삼는 사람도 더러 있게 마련이었다.

—

야반삼경에 촛불 춤을 보아라

옷이라도 수의라고 하니까 대중의 마음도 이상하게 섭섭한 감이 든다. 나의 생각도 본래 거래생멸去來生滅이 없는 것이지만 세상 인연이 다해가는 모양이니 무상이 더욱 느껴진다. 금년 병오년에서 무진년 사이는 39년간인데 그동안 부고를 받은 것이 대략 640명이나 되니 이 많은 사람들이 어디로 다들 갔는지 일거에 무소식無消息이로구나.

옛 부처도 이렇게 가고
지금 부처도 이렇게 가고
오는 것이냐 가는 것이냐

청산은 우뚝 섰고 흐르는 물은 가네
어떤 것이 그르며 어떤 것이 옳은가 쯧!
야반삼경에 촛불 춤을 보아라.

來耶去耶

靑山立 流水去

何者非 何者是 咄

夜半三更見燭舞

―

한양에는 곡식이 귀하다

만해 스님의 유일한 상좌 춘성 스님이 물었다.
"어떤 것이 부처의 사리인가."
"한양에는 곡식이 귀하다."

―

차를 올리고 모닥불을 놓다

만공 스님의 제자인 혜암 스님이 편지로 물었다.

"고인이 이르기를 '조사의 뜻과 경교經敎의 뜻이 같은가 다른가를 묻는 데 대하여 답하여 이르되 닭이 추우면 나무로 올라가고 오리는 추우면 물로 들어간다' 하시니 이 뜻이 어떠하오. 이 뜻을 분명히 명심하심을 복망하나이다."

경봉 스님이 답하다.

"당나귀가 마르면 털이 텁수룩하다."

혜암 스님이 다시 편지로 물었다.

"가난한 사람은 지혜가 짧고人貧智短 말이 마르면 털이 텁수룩하다馬瘦毛長는 말은 당연하지만 당나귀가 마르면 털이 텁수룩하다는 말은 부당합니다. 다시 살펴주시기를 바랍니다."

이에 경봉 스님이 편지에 할喝을 해 보내다.

"타인의 뜻과 말의 낙처落處를 모르니 괴롭고 괴롭다. 판대기를 짊어지고 다니지 말지어다. 손님을 맞을 때는 차를 올리고 모기를 쫓을 때는 모닥불을 놓는다. 악!"

─

겉에는 차지 않았구나

6·25 전쟁이 끝나고 향봉과 도원 수좌가 경봉 스님을 찾아왔다. 경봉 스님이 도원 수좌에게 먼저 물었다.

"7년 동안 무엇을 했는가. 내놓아보소."

"내놓을 거 있습니까. 이미 방에 꽉 찼습니다."

"향봉 수좌도 그런가."

"마찬가집니다."

"방에만 찼지 겉에는 차지 않았구나."

두 수좌는 말을 못 했다. 그러자 경봉 스님이 실망하여 두 수좌의 등을 치며 말했다.

"그동안 선방 밥값놀이를 못했으니 밥값을 내놓으시게!"

—

담화십분 談話十分

할 말이 있는 이는 십 분 이내로 하고 나가라.

談話人十分內言之

―

밤에 구산을 바라보거라

한 거사가 편지로 물었다.
"감히 화상께 묻겠습니다. 화상도 위음왕불을 보셨습니까. 친히 보셨다면 이 어리석은 자를 위하여 항상 일구를 일러주십시오."
경봉 스님이 답했다.
"밥 먹은 뒤에 차를 석 잔 마시고 밤에 구산을 바라보거라 飯後三巡茶 夜半看駒山."

―

오는 중, 가는 중, 쉬는 중

경봉 스님이 시자와 함께 산길을 내려가고 있었다. 한 젊은 스님이 산길을 올라오다 경봉 스님과 마주쳤다. 젊은 스님이 예를 갖추어 합장한 뒤 물었다.
"오는 중입니까, 가는 중입니까."
시자가 젊은 스님의 말에 발끈했다.

"노장님께 중이라니 말버릇이 없습니다. 어서 사과하시오."
"시자 스님은 틀렸으니 가만히 계시오."
"그냥 두어라!"
"이런 무례한 중을 보고 참으란 말입니까."
"나는 지금 쉬고 있는 중이니라."
그러자 젊은 스님이 산길을 올라가지 않고 되돌아가 버렸다.
"노장님, 저 스님은 왜 그냥 돌아가 버립니까."
"나를 보았으니 힘들게 극락암까지 갈 필요가 있겠느냐."

―

그대가 바로 적멸이다

경봉 스님에게 한 수좌가 물었다.
"어떤 것이 적멸이며, 그 열쇠는 어디에 있습니까."
"스님이 있는 곳에 문은 몇 개이며, 그 열쇠는 어디에 두었소. 자기가 있는 집인데 모를 리가 없겠지. 적멸은 바로 그대이며, 열쇠는 바로 그대 자신이 가지고 있지 않겠소."

―

몇 걸음에 왔는가

"무엇이 진리입니까."
"니는 어디서 왔느냐."
"부산에서 왔습니다."
"멀리서 왔구나. 여기까지 몇 걸음에 왔느냐."

―

날마다 여자와 잠을 잔다고 해도

한 수좌가 경봉 스님에게 짓궂게 물었다.
"큰스님, 여자를 가져보신 적이 있습니까."
"하하하. 아직도 수좌에게는 남녀 구별이 있구나. 욕망과 애정이 마음속에 가득할 때 여자를 소유하고 싶어지는 것이다. 날마다 간음하는 게지. 나는 날마다 여자와 잠을 잔대도 애욕을 일으키지 않는다."

―

내려놓아라, 들고 있거라

한 수좌가 경봉 스님에게 고개를 떨구었다.
"큰스님, 빈손으로 와서 미안합니다. 참으로 죄송합니다."
"그래, 미안한 마음이거든 내려놓아라."
"아무것도 가져오지 않았는데 무엇을 내려놓으란 말입니까."
"하하하. 그럼 계속해서 들고 있거라."

—

불법승

"불법승이 무엇입니까."
"벼가 부처요, 보리가 법이요, 콩이 승이다."

—

야반삼경에 발바닥이나 들여다보거라

만공 스님이 오도한 정혜사 능인선원에서 무술년 12월 8일에 법을 물어왔다.

"나에게 한 물건이 있어 항상 움직이는 가운데 있으되 거두어 얻을 수 없다 하니 허물이 어디에 있는가."

경봉 스님은 '나라고 하는 그 나를 참으로 아는가 모르는가, 괴롭도다'라고 중얼거리면서 다시 질문을 던졌다.

"야반삼경에 발바닥이나 들여다보거라."

―

야반삼경에 대문 빗장을 만져보거라

1982년 7월 17일(음력 5월 27일) 오후가 되어 경봉 스님의 숨이 경각에 달려 있음을 직감한 시자 명정이 물었다.

"스님, 가신 뒤에도 뵙고 싶습니다. 어떤 것이 스님의 참모습입니까."

"야반삼경에 대문 빗장을 만져보거라."

경봉 스님이 남긴 마지막 화두이자 임종게였다. 삼소굴 벽시계는 오후 4시 25분을 가리키고 있었다.

도봉산 위에 물소리는
만고에 거문고와 비파 소릴세
수선하느라고 노곤할 테니
밥 먹고 나서 차 한 잔 들게.

• 다시 茶詩 •

차 달이고
향 사르는 곳에 옛길이 통했네

하늘에 가득한 비바람 허공에 흩어지니
달은 일천강 물 위에 떠 있고
산악은 높고 낮아 허공에 꽂혔는데
차 달이고 향 사르는 곳에 옛길이 통했네.

滿天風雨散虛空
月在天江水面中
山岳高低挿空連
茶煎香爇古道通

―

가야의 소식 뉘라서 능히 말하랴
시냇물 잔잔한데 달은 동녘에 솟네
이때의 현묘한 뜻 말하지 말게
차 한 잔 마시는 곳 옛길이 열렸네.

伽倻消息誰能說

溪水孱孱月上東

莫道此時玄妙旨

茶煎分處古道通

—

가을물 긴 하늘에
상하가 원융하고
한 빛 갈대꽃에
명월이 왕래하니
시절과 풍경이여
이 밖에 어떤 것이 기이한가
만고의 참된 소식은
돌솥에 끓인 한 주발의 차일세.

秋水長天

上下圓融

一色蘆花

時兮景兮

是外何奇

萬古眞消息

石鼎一椀茶

―

도봉산 위에 물소리는
만고에 거문고와 비파 소릴세
수선하느라고 노곤할 테니
밥 먹고 나서 차 한 잔 들게.

道峰山上水

萬古作琴琶

修禪惱筋骨

飯後勸一茶

―

새벽 해 허공에 솟아 구름이 봉우리에 흩어져도
하늘과 다 변함없이 옛 모습 그대로세
종사의 입적 보이심 지금 이러하니
향 사르고 차 달이며 송頌 한 수를 짓네.

曉日昇空雲散峰

乾坤不變舊時容

宗師示寂今如此

香熱茶煎又一頌

수미산으로 붓을 삼고
사해로 벼루 삼아
건곤을 한 폭 종이로 펼쳤으나
반 구절 시도 쓰기 어렵구나.

須彌山爲筆
四海作墨池
乾坤一丈紙
難寫半句詩

경봉 스님 행장

경봉 스님 찻잔

내가 나를 온갖 것에서 찾았는데
눈앞에 바로 주인공이 나타났네.
허허 이제 만나 의혹 없으니
우담발화 꽃빛이 온 누리에 흐르네.

경봉 스님 행장

1892년(1세) 4월 9일	경남 밀양군 부내면 계수동(서부리)에서 아버지 김영규金榮奎와 어머니 안동 권씨의 몸을 빌려 태어나다.
1905년(14세)	밀양군 서부리 죽하재竹下齋에서 한문학자 강달수姜達壽 선생에게 사서삼경을 배우고 익히다.
1906년(15세) 8월 4일	어머니를 여의고 날마다 인생의 무상함을 절감하다.
1907년(16세) 6월 9일	어머니를 여읜 상실감으로 누나가 다니던 통도사로 가 성해聖海 스님을 은사로 출가하다.
10월 30일	통도사 금강계단에서 청호淸湖 스님에게 사미계를 받다.
1910년(19세)	성호 스님의 권유로 신학문을 가르치는 통도사 부설 명신학교名信學校를 졸업하다.
1911년(20세) 4월 8일	《화엄경》에 달통한 해담海曇 스님에게 보살계와 비구계를 받다.
1912년(21세)	통도사 강원에 입학하다.
1914년(23세)	강원 대교과에서 만해 스님에게 《화엄경》을 배우다. 스스로 《화엄경》을 보던 중에 '종일토록 남의 보배를 세어도 반 푼어치의 이익이 없다終日數他寶 自無半錢分'라는 구절에서 크게 발심하여 강원을 접다.

경봉 스님 행장 249

	이후 양산 내원사, 해인사, 직지사, 마하연사, 석왕사 등의 선방을 돌며 참선 정진을 하다가 다시 통도사 안양암으로 돌아와 동구불출의 정진 속에서 무문관에 들다.
1917년(26세)	마산포교당 포교사로 가다. 이때 〈황성신문〉 사장으로서 을사보호조약이 체결되자, 신문에 '시일야방성대곡是日也放聲大哭'이란 통탄의 글을 썼던 장지연張志淵 선생과 만나 교유하다.
1919년(28세)	양산 내원사 주지로 취임하다.
1925년(34세)	스님의 의지로 통도사 주지의 허락을 받아 시주를 받고 모금을 하여 극락암에 양로만일염불회를 창설하다.
1927년(36세)	극락암에서 삼칠일 동안 화엄산림법회 설주說主가 되어 주재하면서 용맹정진하던 중 12월 13일 새벽 2시 30분 촛불이 춤추는 것을 보고 홀연히 대도大道를 성취하다.
1928년(37세) 1월 20일	자시子時에 은사 성해 스님이 입적하다.
1929년(38세)	학명 스님, 한암 스님, 전강 스님 등과 선문답을 하다.
1930년(39세)	2월 21일부터 낙산사 홍련암에서 삼칠일 관음기도 중 비몽사몽간에 관세음보살을 친견하다. 기념하여 의상대에 소나무를 심다.
1932년(41세) 1월 31일	통도사 불교전문강원 원장에 취임하다.
1935년(44세) 9월 19일	통도사 대중 스님들의 투표로 당선되어 주지가 되다.
1936년(45세)	금강산 마하연선원 조실인 만공 스님과 인편을 이용해 선문답을 하다. 이후에도 선학원 등에서 자주 선문답을 하다.
1937년(46세)	혜월 스님이 입적하여 부산 안양암으로 가 문상하다. 서울로 올라가 성북동 심우장의 만해 스님을 참방하고 오다.
1938년(47세)	만해 스님과 편지로 선문답을 주고받다. 운봉 스님의 설법을 듣고 문답하다.
1941년(50세) 3월 30일부터 5월 4일까지	일본불교를 시찰하다. 이때 백양사에서 유학 온 서옹 스님을 만나 안내를 받다. 교토 청수사淸水寺에서는 조선불교의 부진과